KB080554

있지만 없는 아이들

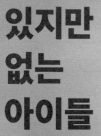

있지만
없는
아이들

미등록
이주아동
이야기

은유 지음
국가인권위원회 기획

창비
Changbi Publishers

일러두기

이 책은 국가인권위원회의 지원을 받아 만들어졌습니다.

인터뷰 내용 중 이름, 지명 등 일부 개인정보는 가명으로 처리했습니다.

차례

프롤로그

6   먼 타인의 아이를 사랑하라

37   열아홉, 내년이면 쫓겨난다는 불안감
      마리나(이주아동)

59   당신은 왜 한국에 살고 있나요?
      페버(이주아동)

83   한국도 이들이 필요해요
      이탁건(변호사)

105   오늘이 마지막이겠다는 생각이 없어졌어요
      김민혁(이주아동)

129   정직한 한 사람이 중요해요
      석원정(이주인권활동가)

153   태어난 건 죄가 아니잖아요
      카림(이주아동)

165   사람은 그냥 사람이죠
      달리아(이주아동)

183   이건 사는 것도 안 사는 것도 아니에요
      인화(이주아동 부모)

205   말하는 소리가 작으면 듣는 귀라도 커야 해요
      이란주(이주인권활동가)

에필로그

228   슬픔이 보시가 될 때

먼 타인의 아이를 사랑하라

한국에서 태어나 산다는 데 어떤 의미를 두고 계시나요?
때로는 사막에 내던져진 것 같은 그런 느낌이 드시나요?

— 이랑 「신의 놀이」 가사 중에서

그들의 있음을 알게 된 건 지난여름이다. 미등록-이주-아동. 사람 앞에 붙은 미등록이란 말은 서늘하고, 이주란 말은 조금 고단하게 들렸다. 저 단어의 배열은 어쩐지 제 몸집보다 큰 보따리를 이고 가는 어린이의 뒷모습을 연상시켰다. 미등록 이주아동은 이주민 부모를 따라 한국으로 이주했거나 한국에서 태어난 아동 중 부모의 체류자격 상실, 난민 신청 실패 등 다양한 이유로 체류자격이 없는 아이들을 말한다.

언제부턴가 나는 아이들에게 마음이 쓰였다. 태어나고 싶어서 태어난 것도 아닌데 기를 쓰고 사는 작은 인간에게 눈길이 가곤 했다. 어떤 잘못도 저지르지 않았음에도, 생의 초기 세팅이 이뤄지는 시기에 사막 같은 곳에 내던져진 아이를 뉴스에서 보고 나면 오래도록 심란했다. "부모를 골라서 태어날 수 없는 아이들의 평등을 지켜주는 게 공적 지원의 전제가 되어야 한다"라는 일본 사회학자 미나시타 기류(水無田 氣流)의 말을 다이어리 첫장에 적어두고 틈틈이 생각했다. 그러면 나는 무얼 해야 하지?

국가인권위원회에서 미등록 이주아동에 관한 책을 써달라는 제안을 들었을 때 귀가 열린 이유다. 내 상상의 사막에서도 지분이 없던 존재들에 대해 나는 뒤늦게 하나씩 알아갔다. 국내에 있는 미등록 이주노동자는 20~30만명, 미등록 이주아동은 2만명 정도로 추산한다. 전교생 400명인 학교 50개 규모의 집단이라고 짐작하면 적지 않은 수다. 부모가 유효한 체류자격이 없으면 아이는 태어나자마자 혹은 어느 날 갑자기 법을 어긴 존재가 된다. 당장 추방되는 것은 아니다. 유엔아동권리협약에 의거해 학습권이 주어져 고등학교까지는 다닐 수 있다.

하지만 아이들은 그 학교생활을 온전히 누리지 못한다.

먼 타인의 아이를 사랑하라

주민(외국인)등록번호가 없어서다. 그건 본인 명의의 핸드폰 개통이 어렵고, 청와대에 견학을 가서도 들어가지 못하고, 봉사 사이트 1365자원봉사포털에 가입하지 못하고, 역사 골든벨에서 우승을 해도 한국사능력검정시험에 응시할 수 없다는 뜻이다. 티켓 예매 사이트 회원 가입이 안 되니까 좋아하는 아이돌 콘서트에 가지 못한다. 우르르 몰려가 떡볶이를 먹고 친구들이 엔분의 일로 '계좌이체'를 할 때 주섬주섬 현금을 꺼내야 한다.

국민국가에서 신분증 없이, 자본주의 체제에서 자기 명의의 통장 없이 과연 살 수 있을까. 코로나19 사태 초기 주민등록증을 제시하고 마스크를 사는 일부터 QR체크인을 하고 식당에서 밥을 먹는 일까지, '비국민' 아이들에게 배제와 좌절은 일상이다. 미등록 이주아동은 공부할 권리는 있지만 살아갈 자격은 없는 모순된 현실에서 '있지만 없는 아이들'로 자라나는 것이다.

졸업 이후, 실존의 불안은 더 커진다. 현행 법체계 안에서는 성인이 되면 언제든 강제퇴거명령이 내려질 수 있다. 그럴 경우 나고 자란 한국 땅을 떠나, 말도 안 통하고 친구하나 없고 가본 적도 없는 부모의 국적국으로 쫓겨갈 처지에 놓인다. 한살 더 먹었다는 이유로 만 18세까지 살았던 곳에서 나가라는 현실은, 삶의 연속성을 깨뜨린다는 점에서 비현실적이다. '어떻게 살라고?' 소리가 절로 나온다. 또 한국에 남아 있게 되더라도 단속을 피해 저임금으로 그림자 노동을 하는 것 외에는 별다른 대안이 없다.

사실 한국의 아동 청소년은 '지금 여기'를 누리지 못하고 '나중에'를 강요받는 사회적 약자다. 연애도, 술도, 놀이도 대학 가면, 어른이 되면 하라는 말을 듣고 크니까. 그런데 그 '나중에'조차 빼앗긴 아이들, 약자 뒤에 가려진 이중의 약자가 있는 것이다. 이 조용한 불행과 부조리를 그들은 어떻게 감내하고 있을까. 견디는 존재들의 이야기에 기대어 견디고 살아온 나는 미등록 이주아동의 이야기를 찬찬히 들어보고 싶었다.

총 아홉 명과 인터뷰를 진행했다. 마리나(몽골), 페버(나이지리아), 김민혁(이란), 카림(우즈베키스탄), 달리아(우즈베키스탄) 등 이주아동 다섯 명, 그리고 그들과 함께하는 어른들인 이주아동 호준(몽골)의 어머니 인화, 이주인권활동가 석원정, 이주민 이야기를 꾸준히 써온 작가이자 이주인권활동가 이란주, 이주아동을 지원하는 변호사 이탁건을 만났다.

"살아 있는 사람으로 인정받고 싶어요"

그게 어떤 건지, 내가 안다
남들과 발맞출 수 없다는 것
—라이너 쿤체 「뒤처진 새」 중에서

"애늙은이는 커가면서 점점 철부지로 바뀌는 것 같아요. 가불해서 쓰는 거죠. 지금은 미래에 대한 생각을 아예 안 해요. 그동안 과하게 많이 했거든요."

고등학교 3학년인 마리나를 만났을 때가 가을 무렵이었다. 수능을 치르지 않고 갈 수 있는 대학에 수시 원서는 넣었지만 합격자 발표가 언제인지도 모르고 관심이 없다고 했다. 입시생도 아니고 입시생이 아닌 것도 아닌 어정쩡한 상태가 지속되다보니 깊은 피로를 느끼는 듯했다.

마리나는 한국에서 태어난 몽골 국적 아동이다. 친구나 교사 들은 그가 당연히 한국 사람인 줄 알고 있을 정도로 또래 청소년과 같은 외모와 표정, 말투를 갖고 있다. 일상은 평범하지 않았다. 언어장애와 청각장애가 있는 부모를 위해 말을 배우고부터는 24시간 통역을 도맡았고, 무엇이든 스스로 처리하며 자랐다. 돌봄을 받으며 돌봄을 행했던 마리나는 "솔직히 엄마 아빠가 저를 키워준 게 아니고 제가 엄마 아빠를 키워준 거나 마찬가지"라고 했다. 학교에서는 봉사동아리 부장을 맡았다. 사회복지사라는 구체적인 꿈을 키웠으나 고3을 지나면서 체념에 이르렀다. 국가인권위원회를 통해 강제퇴거 중단을 요청하는 진정을 넣었는데 그때까지도 해결되지 않았기 때문이다.

애늙은이로 살다가 철부지가 되기로 작정한 사람의 말은 너무도 웅숭깊고 솔직해서 미등록 이주아동 문제의 본질을 선명히 드러냈다. 마리나는 주저없이 말했다.

"저는 한국에서 유령으로 지내온 거나 마찬가지예요. 살아 있는 사람으로 인정받고 싶어요."

카림과 달리아도 '준비된 미래를 설계할 수 없다'는 점에서 마리나와 비슷한 학창 시절을 거쳤다. 둘은 사남매의 첫째와 둘째다. 각각 네살, 두살에 부모를 따라 한국에 와서 초·중·고등학교를 다녔다. 한국에서 태어난 손아래 동생 둘 역시 미등록 아동이다. 남매가 모두 국어와 역사를 좋아하고 반에서 1등을 할 정도로 실력이 월등했다. 그래서 겉모습의 차이에도 불구하고 친구들은 이들 남매를 외국인으로 여기지 않았다.

역사 '덕후' 카림은 고등학교 2학년 때 한국사능력검정시험에 응시하지 못하게 되면서 자신이 처한 현실을 세계

먼 타인의 아이를 사랑하라

자각했다. 수능을 포기하고 기욤 뮈소를 읽으며 더디게 흐르는 교실의 시간을 지워갔다. 제대로 우정을 쌓기도 어렵다. 카림은 우즈베키스탄으로 돌아갈 수도 있고 체류자격이 없는 게 부담스러워서 친구들과 선을 두고 지낸다. 사정을 모르는 친구들은 그가 왜 대학을 가지 않는지 의아해했고, 졸업 후에 만난 동창은 이런 농담을 던졌다. "너는 나보다 한국어 잘하는데 왜 군대 안 가냐?"

대답할 수 없는 질문을 받을 때마다 카림은 예의 그 부드러운 웃음으로 넘기고 만다. 사남매의 첫째이자 집안의 "장남이라서" 반복되는 노동의 일상을 묵묵히 감내하는 그이지만, 한번씩 속울음이 치민다.

"태어난 건 죄가 없는데 왜 차별당하고 고통받고 꿈도 못 이루고 살아야 하는지 솔직히 이해가 잘 안 돼요."

히잡을 쓴 달리아는 도서관 책상 위로 각도를 달리하며 떨어지는 햇살을 사랑하는 아이였다. 백석 시인을 좋아하고 한국어로 시도 쓴다. 그렇지만 대학에 진학할 수 없어서 오빠 카림이 그랬듯이 대학을 포기했다. 친구들은 모이기만 하면 대학 얘기를 하는데 낄 수가 없어서 고3 생활이 너무 길었다는 말을 할 때는 눈가에 설핏 물기가 맺혔다. 중요한 생애기회를 박탈당한 처지지만, 여자라면 빨리 결혼해야 하는 부모의 나라보다 한국에 사는 것이 좋다는 그는 "우리 사회는 사람들이 만들어가니까 앞으로 더 낫게 변할 것"이라는 믿음을 가진 낙관주의자이기도 하다. 실제로 달리아는 초등학교에 입학했을 때부터 히잡을 쓰고 다녔고 돼지고기를 먹지 않고 라마단을 지키며 지냈지만 무리 없이 제도교육 과정을 마쳤다. 주변 사람들에게 차별을 받은 기억이 없다. 친구도 선생님도 이웃도 그만하면 친절했다. 아마도 인구가 적고 서로를 잘 아는 소도시에서 살았기 때문인 것 같다고 달리아는 생각한다. 덕분에 그도 사람을 그냥 사람으로 보는 어른이 됐다.

"옷차림이나 먹는 게 조금 다른 것 말고는 크게 다른 점이 없잖아요. 사람은 그냥 사람이죠."

나는 나일 뿐인데, 합법에서 불법으로 다시 합법으로

아, 엔진이 하는 것처럼, 내 전부를 표현할 수 있다면!
기계처럼 완전해질 수 있다면!
최신 모델 자동차처럼 의기양양하게 인생으로 나아갈 수 있다면!
— 페르난두 페소아 「승리의 송시」 중에서

페버와 김민혁은 미등록 이주아동으로 살다가 체류자격을 얻은 경우로 언론에 여러차례 소개되었다. 페버에게 합법적인 체류자격이 주어지고 나니 무엇이 좋아졌는지 물었을 때 그는 '은행 업무'를 가장 먼저 꼽았다. 얼마 전 실수로 입금을 잘못해서 돌려받는데도 비자가 필요했다며, 비자가 있는데 3일이 걸렸으니 비자가 없었으면 영영 못 받았겠구나 싶었단다. 또 이제는 '본인인증'이 가능해지니까 학교 과제를 이메일로 보낼 수 있어서 편하고, 운전면허도 땄다고 했다. 너무 소박해서 너무 의아하게 들리는 그의 대답은 우리 일상이 얼마나 사소한 것들로 채워지는지, 그 사소한 것들이 막혔을 때 일상이 어떻게 중단되는지를 상기시켰다.

나이지리아 출신 부모를 둔 페버는 한국에서 태어났다. 문제없이 지내다가 열살 때 아버지가 출국 후 돌아오지 못하는 바람에 불법 신분이 됐다. 생계를 위해 열여덟살에 취업했다가 적발돼 강제퇴거명령을 당했고, 소송을 제기해 합법 신분을 얻었다. 짓궂은 장난처럼 세상은 그의 등에 합법과 불법 딱지를 떼었다 붙였다 했다. 존재의 근간을 흔드는 이런 악조건에서 성장한 페버는 생사여탈권을 쥐고 있는 국가 시스템의 자의성에 눈뜰 수밖에 없었다.

"미등록 아동들을 죄인이라고 전제하죠. 저는 어제도 오늘도 똑같이 학교에 갔을 뿐이거든요. 그사이에 아빠가 본국으로 떠나니까 다음 날 갑자기 불법체류자가 된 거예요."

불법이 되는 과정도 납득 불가였지만 합법이 되고 나서도 어리둥절했다.

"(제가) 불법체류자이기 때문에 나라에 이득이 없대요. 그런데 저에 대한 기사가 나오고 시끄러워지니까 그제야 받아주었어요. 미등록 시절에는 나를 한국에 폐 끼치는 존재로 규정하다가, 비자가 나오고 합법이 되고 나니까 학교에서 제일 잘한다고 말해요. 그때는 왜 그랬을까? 지금도 이해가 안 돼요. 제가 비자가 생긴 뒤로 학교에서 상도 받고, 장학금도 타고, 아르바이트도 하고 문제없이 계속 지냈거든요. 그러니까 한국에 도움이 된다고 생각한 걸까요?"

페버는 이주노동자고 피부색이 검은 편이다. 그의 존재는 한국사회의 뿌리 깊은 편견과 인종주의를 거울처럼 비추었다. 그는 중학교 때를 인생 최악의 시기로 기억하는데, 한 교사가 개인정보를 누설했기 때문이다. 그가 체류자격이 없다는 사실이 알려진 이후로 아이들은 그를 친구로 안 보고 불쌍한 사람으로 봤고, 말싸움이라도 붙으면 대답은 번번이 "너희 나라로 꺼져, 불법체류자가"로 돌아왔다.

학교 밖에서도 시선폭력을 겪었다. 오남매와 엄마로 된 페버 가족이 지나가면 사람들이 "아이고, 쯧쯧쯧" 하면서 불쌍하게 쳐다보았다. 노골적인 인종차별을 당할 때마다 그는 묻고 싶었다. 흑인이고 식구가 많을 뿐인데 왜 힘들게 살았을 거라고 생각을 하고 아련하게 쳐다보는지.

그는 자기 운명에 부과된 불운에 저항하는 방식으로 주어진 삶에 순응했다. 어릴 때는 왜 우리 가족만 이렇게 힘들까 원망도 했지만 지금은 아니다. "저희만 힘든 게 아니고 세상 모든 사람이 다 힘들더라"는 걸 안다. 세상이 그를 지우려 하자 그는 '세상이 보이는 사람'이 된 것이다.

0.1퍼센트 가능성에 도전한 교사와 아이들

"우리는 모두가 중요한 사람이 되는 사회를 만들기 위해서 싸우는 겁니다."

— 월가 점거 운동 참가자의 말

김민혁이 난민 지위를 인정받은 과정은 한편의 드라마다. 주인공은 그와 친구들, 그리고 국어교사다. 민혁은 이란에서 태어나 일곱살에 사업을 하는 아버지와 같이 한국에 왔다. 친구를 따라 교회에 갔다가 개종했고, 종교적 박해를 이유로 난민 신청을 했으나 끝내 불인정 결정이 나왔다. 2주

내로 이란에 돌아가라는 명령이 중학교 2학년 때 내려졌다. 그 사연을 담임의 옆자리에 있던 국어교사가 우연히 듣고 알게 됐다. 있을 수 없는 일이 일어났다고 생각한 국어교사는 수업에 들어가서 아이들한테 말했다. 민혁이가 지금 이런 상태에 있다, 도와주고 싶은 친구는 교무실로 오라고.

피켓 시위, 국민청원 등 당차고 치밀한 전략으로 난민 인정 가능성 0.1퍼센트에 도전한 민혁과 친구들의 이야기는 언론의 큰 관심을 불러모았다. 민혁이 한 친구에게 "왜 이렇게까지 나를 도와주냐?"라고 물었더니 친구는 이렇게 말했다. "내가 너를 돕지 않고 그래서 네가 이란에 돌아갔는데 혹시라도 무슨 일을 당했다는 소식을 듣게 된다면 평생 지우지 못할 죄책감이 들 것 같아." 그 이야기를 전하며 민혁은 "애들이 좀 멋있죠?"라며 환하게 웃었다.

민혁은 특성화고등학교로 진학했다. 거기서도 새로운 친구들과 두루두루 사이좋게 지내고 있다. 원만한 교우관계의 비결을 묻자 한국에 왔을 때 친구들이 저를 배척하지 않았기 때문이라고 한다. "제가 누군가를 믿어줄 때 그 사람이 또다른 누군가를 또 믿고 반기면 사회에서 누가 누구를 배척할 일이 없지 않을까요." 그는 일찍이 스스로 최초의 원인이 되어 '믿음의 벨트'를 형성했다. 다른 이주아동이 그러하듯 민혁도 인권 어록에서 뽑은 것 같은 말들을 쏟아

먼 타인의 아이를 사랑하라

냈다. 실제로 그와 그를 도왔던 친구들은 '난민 강사'로 활동하고 있다.

나는 김민혁의 사례를 접하며 동료 시민의 역할과 중요성을 깨달았다. 국어교사가 불의에 눈감지 않고 남의 반 아이의 일도 자기 일로 여기는 인정 많은 사람이라서 얼마나 다행인가. 더군다나 혼자 해결하려 하지 않고 아이들에게 친구의 아픔을 알리고 같이 행동하자고 제안하며 시민의식을 이끌어냈다. 알아야 싸운다며 아이들과 같이 난민에 대한 공부도 병행했다는 이야기를 들었을 땐 살아 있는 교육 현장을 목격하는 기쁨을 느꼈다. 우리는 누구를, 혹은 무엇을 알아서 돕는 게 아니라 함께하는 동안에만 사람을 알고 진실을 배울 수 있다.

반면교사의 사례도 있다. 난민 인정을 받은 경사스러운 날에 관계자들이 둘러서서 박수를 쳐주는데 어떤 이가 민혁에게 "열심히 살아라"라고 말했단다. 그 말을 듣고 살짝 욱했다며 민혁은 항변했다. "지금까지 어떻게 살아왔는데 열심히 살라는 말을 해요?"

되지 말아야 할 어른의 모습이다. 난민은 막 살았기 때문에 받는 형벌이 아니다. 민혁은 자기도 한국에 왔을 때는 그냥 외국인이었는데 하루아침에 난민이 된 경우라며 누구라도 어떤 이유로 난민이 될 수 있다고 말했다. 그동안 그랬듯이 그는 앞으로도 의지를 다해 살 참이다.

"받은 게 많아서 제가 할 수 있는 일이라면 뭐든 다 하고 싶어요."

누구도 나를 비난하지 못해요

나는 패배하는 것이 좋다고 말하기도 한다……
싸움은 이기는 것과 똑같은 정신으로 패배한다.
— 월트 휘트먼 「나 자신의 노래」 부분

영화 「가버나움」(2018)은 내전과 난민으로 들끓는 레바논의 현실을 사실적으로 담아낸 나딘 라바키 감독의 작품이다. 첫 장면이 인상적이다. 주인공인 열두살 소년 자인이 말한다. '나를 태어나게 한 부모를 고소합니다.' 피고가 된 엄마는 말한다. '나처럼 살아봤어요? 나처럼 살아보기 전에는 누구도 나를 비난하지 못해요.'

나는 영화를 보며 엄마와 아이 각각의 입장을 이해하게 됐다. 삶이란 본디 그렇게 된 것은 그렇게 될 수밖에 없는 것이라서, 좋은 작품을 보고 나면 선악이라는 '도덕적' 판단은 힘을 잃고 '윤리적' 물음이 솟아난다. 내가 저러한 상황

19   먼 타인의 아이를 사랑하라

에 놓였다면 과연 어떻게 살 것인가. 지옥도 같은 상황에서 인간다운 삶은 어떻게 가능한가.

영화 속 '자인'과 같은 물음을 인터뷰에서 미등록 이주아동 마리나도 던졌다.

"물어보고 싶어요. 도대체 무슨 생각으로 나를 태어나게 했는지."

인화는 미등록 이주아동 호준의 엄마다. 도대체 '무슨 생각'이었는지 이야기를 듣고자 만났을 때 "나는 한번 말하면 끝이 없다"며 말의 타래를 풀어놓았다. 인화는 1962년생으로 몽골에서 태어났다. '우리 딸들은 반드시 대학을 가야 한다, 여자도 남자하고 똑같이 살아야 한다'는 아버지의 권유에 따라 러시아에 있는 대학으로 유학을 갔다. 몽골로 돌아와 제약회사에 근무하다가 IMF로 회사가 문을 닫자 더 나은 삶을 찾아 1994년에 한국행 비행기를 탔다. 여기까지는 평범한 이주 스토리다. 그런데 그는 어쩌다가 미등록 신분이 되었고 그의 아이까지 미등록 이주아동이 되었을까. 그의 삶을 이해하기 위해서는 먼저 사회적 배경을 알아야 했다.

우리나라에 이주노동자가 본격적으로 들어온 시기는 1988년 서울올림픽 즈음이다. 대규모의 국제행사를 앞두고 관광객 유치를 위해 출입국 관리가 느슨해진 틈을 타 많은 외국인이 관광비자로 입국했고 비자 기간이 초과한 상태에서 '미등록 이주노동자'로 일을 시작했다. 1990년대 초반에 이주노동자 유입이 크게 늘었는데, 그건 수요와 공급의 법칙에 따른 현상이었다. 그즈음은 우리나라가 대학진학률이 높아지고 '3D 산업'으로 불리는 업종을 중심으로 노동력의 구조적 공백이 발생했던 시기와 맞물린다.

미등록 이주노동자가 급증하자 정부는 대책 마련으로 1991년에 '해외투자기업 산업기술연수생제도'를 만들어서 외국 인력을 데려왔다. 그런데 이들은 '연수생'이라서 '노동자'로 보호받지 못했다. 낮은 임금, 장시간 노동, 위험한 작업 환경에 내몰렸다. 일하다가 손가락이 잘려도 대책이 없었다. 결국 산업연수생제도는 현대판 노예제도로 국내외 여론의 비판을 받다가 2007년에 사실상 폐지됐지만 한번 추락한 인권은 그대로 기준이 되어버렸다. 참혹한 현실은 가려진 채 한국은 기회의 땅으로 알려졌고 입국을 희망하는 외국인이 많아지자 시류에 편승해 브로커는 불법을 일삼았다.

인화도 코리안 드림의 덫에 걸렸다. "그 사기꾼한테 당해서 지금 25년째 불법체류자"로 산다. 모텔 청소, 식당 일, 김 공장 일 등 안 해본 것 없이 혼자 힘으로 아이를 키워냈

먼 타인의 아이를 사랑하라

다. 다섯살밖에 안 된 아이를 방에 홀로 두고 공장에 일하러 나가야 했고, 그 아이가 학교에 들어간 뒤로는 '싸우지 않는 아이'로 길렀다. 아이가 친구랑 다투다가 경찰서라도 가면 미등록 신분이 밝혀지고 추방될 위험이 있어서다(실제로 그런 사건이 있었다). 물론 엄마인 인화도 싸우지 않는 어른이다. 직장에서 동료의 차별과 괴롭힘을 참고, 참고, 참았다. 그는 한국에서 '인내심' 하나는 제대로 키웠다고 말했지만 그건 인내심이 아니라 강요된 침묵이다. 미등록 이주노동자는 목소리 없는 자들이 아니라 목소리를 빼앗긴 사람인 것이다. 그 세월이 25년이다. 이주아동 호준이는 서른을 바라보는 이주노동자가 되었다. 어느 한순간도 흠뻑 살지 못했던 고통에 대해 인화는 "이건 사는 것도 아니고 안 사는 것도 아니에요"라는 말로 압축했다.

"우리는 그냥 이렇게 숨어서 숨 쉬고 살아야 돼요. (…) 호준이 한국에 데려온 거 정말 너무너무 후회해요."

원래 타인의 삶을 파편적인 정보 몇가지로 추려내 비난하기는 쉽다. 당사자인 그조차 아들을 보며 앞길이 창창한 젊은이를 왜 이렇게 만들었는지 무시로 자문하고 자책했다. 그런데 어째서 삶은 개인의 의지와 마음을 배반하는가 논증하기는 쉽지 않다. 인화의 생애도 그랬다. 그는 '칭기즈칸의 후예'답게 거듭 국경을 넘었고 제 앞에 놓인 깊은 물

살도 건넜다. 정말이지 '자아의 마지막 한방울'까지 짜내며 매순간 최선을 다해 자식을 키웠다. 나는 인터뷰에서 그의 담대한 행보와 명민한 선택들로 이뤄진 이야기에 정신없이 빠져들었다. 그가 한국어를 배우고 적응한 생존기를 듣고는 존경심이 움텄다. 엉뚱한 구석이 있는 유쾌한 사람이자 고민을 잘 들어줄 것 같은 인생 선배, 인화의 삶이 동시대를 살아가는 동료 여성들에게 위로와 영감을 주리라는 믿음을 갖게 됐다.

요람에서 무덤까지, 이주민 곁의 활동가들

다른 존재의 운명에 대해 깊이 생각하는 것. 이 능력을 잃어버리게 되면 결국 인간은 모든 것을 잃게 될 테니까.

— 박혜영 『느낌의 0도』 중에서

아이 하나를 키우는 데 마을 전체가 필요하다지만 미등록 이주아동은 국가 차원의 지원이 절실하다. 그런데 우리 사회의 가장 변방에서 작게 존재하는 이 아이들에게 국가는 닿지 않는 행성이다. 이주인권활동가가 그 너른 사이를 잇고 돌봄 공백을 채운다. 이주아동의 탄생과 성장 과정을 가

먼 타인의 아이를 사랑하라

까이서 지켜본 경험담을 듣고 아이들의 미래에 대한 전망을 얻고자 석원정, 이란주 두 사람을 만났다.

이란주 아시아인권문화연대 대표는 1995년쯤 이주민 관련 단체에서 일을 시작할 때만 해도 이주아동들이 없었다고 했다. "이주노동자가 대개 젊은 청년들이니까 여기 와서 연애도 하고 애기도 낳죠. 아이를 낳으려면 병원도 가야 하고, 아이를 낳고 적어도 며칠은 누군가 돌봐줘야 하는데, 돈을 벌어야 가족이 먹고사니까 남편은 어쩔 수 없이 일하러 나가요. 엄마 혼자 갓난아이를 볼 때 저희가 같이 아기도 보고 빨래도 하고 했어요. 그때 활동가 동료들과 '야, 이제 요람에서 무덤까지가 될 거야. 이주노동자 문제는 노동만의 문제가 아니야' 그런 얘기를 했던 게 지금도 생각나요. 요람에서 무덤까지. 생애가 다 있는 거죠."

석원정 서울시 성동외국인노동자센터장도 초기에는 이주노동자 문제를 해결하기에도 바빴는데 활동을 하다보니 하나둘 학교에 가지 못하는 아이들이 드러나기 시작했다고 회상했다. 유엔아동권리협약은 1989년 유엔총회에서 만장일치로 채택되었고 전세계 193개국이 비준했다. 한국 역시 비준국이었지만 그게 뭘 의미하는지 공교육 현장에서는 알지 못했다. "초기에는 소수의 활동가들이 학교를 일일이 찾아다니면서 설득을 해 입학을 시켰"다고 한다. 그러다가 많은 이주인권활동가들의 노력으로 체류 지위에 관계없이 모든 이주아동의 공교육 진입을 보장하는 길이 만들어졌다. 석원정 대표는 지금은 아이들이 웬만하면 학교는 다닌다고 생각들 하는데, 여전히 초등학교나 중학교에서 입학을 거절당하기도 한다고 말했다.

이란주 대표는 이주민의 목소리를 실어나르는 작가다. 한국말이 서툰 한 네팔 여성 노동자가 행려병자로 취급되어 무려 6년 4개월 동안 정신병원에 갇혀 있었던 끔찍한 실화를 담은 『말해요 찬드라』(삶이 보이는 창 2003)를 써 이주노동자의 처참한 현실을 세상에 알렸다. 『아빠, 제발 잡히지 마』(삶이 보이는 창 2009)에 이어 최근에는 미등록 이주아동의 이야기를 담은 『로지나 노, 지나』(우리학교 2020)를 펴냈다. "애들 상황이 너무 힘든데 그걸 들어주는 귀가 없어요. 아이들은 말할 힘이 약하고요. 듣는 귀라도 커야 그 작은 목소리가 들릴 텐데, 그렇지 못하니까 아이들의 목소리를 더 크게 전해보자, 그래서 썼어요."

『우리 아이들』(페이퍼로드 2016)은 빈부격차는 어떻게 미래 세대를 파괴하는가를 연구한 책이다. 저자 로버트 D. 퍼트넘은 "가난한 아이들이 정말로 필요로 하는 것은 그들의 삶에 '얼굴을 내밀어주는' 의지할 만한 어른의 존재다"(371면)라고 말했다. 미등록 이주아동의 경우도 그렇다. 대부분 생

먼 타인의 아이를 사랑하라

활 기반이 취약하고 관계·문화 자원이 많이 부족한 편이다. 아이들의 안색을 살피고 말을 들어주고 적절한 도움을 줄 수 있을 만큼 가까이에 어른들이 머무는 것이 중요한데, 그 자리를 교사와 활동가 들이 지키고 있었다.

"우리는 나쁜 사람들이 아니에요"

> 이웃에 대한 사랑보다 더 숭고한 것은 더없이 먼 곳에 있는 사람과 앞으로 태어날 미래의 사람들에 대한 사랑이다.
>
> ─ 니체 『차라투스트라는 이렇게 말했다』 중에서

한 고등학교 토론대회에 참석했을 때 일이다. 테이블마다 예닐곱명이 모여 주제 토론을 하는 시간에 한 학생이 말했다. "우리나라 사람들 일자리도 없는데 이주노동자들이 일자리를 빼앗고 있습니다. 그들에게 한국 노동자와 똑같은 임금을 주어서는 안 됩니다." 인터넷 기사 댓글로만 보던 이주민 혐오발언을 이런 자리에서 듣게 되자 나는 무척 당황스러웠다. 그날 주제가 '타인의 아픔에 공감하는 법'이었다. 다행히 곧 다른 학생이 반론을 제기했다. "그래도 같은 사람이니까 임금을 동등하게 줘야 합니다."

그때 나는 아이들의 발언 내용에서 그릇된 정보를 바로 잡아주는 데 신경 쓰느라 급급했다. 우리나라 경제는 대기업만이 아니라 복잡한 하청구조로 연결된 영세 업체에 의해 지탱되고 있으며 맨 밑바닥부터 이주노동자가 메우고 있다, 가령 가구 공장이나 농축산업같이 일이 험한 현장에는 한국 사람들이 거의 없다, 국적이나 체류자격과 무관하게 노동자에게는 권리가 있다 등등. 그런데 한참이 지나서야 '사람'이 마음에 걸렸다. 혹시 그 테이블에 이주노동자 부모를 둔 아이가 있지는 않았을까. 만약 몽골 학생 마리나가 그 자리에 있었으면 대놓고 자기 부모를 무시하는 발언에 마음이 상했을 것 같았다.

　　이 책은 미등록 장기체류 이주아동의 체류자격 부여 제도가 마련되기를 바라는 마음들을 만들어내고자 국가인권위원회에서 기획했다. 책을 쓰면서 나는 이주민이 일자리를 빼앗는다고 생각하는 그 학생을 구체적인 독자의 모습으로 상정했다. 원래 사람의 편견은 대상과 직접 부딪히며 생기는 경우보다는 사회적으로 학습되는 경우가 더 많다. 개인의 사회화 과정에서 언론이나 부모 등을 통해 편견이 학습되고 전승되는 게 일반적이다. 김민혁이 인터뷰에서 얘기한 대로, 난민을 본 적이 없고 잘 모르기 때문에 가짜 뉴스만 보고 이미 편견을 갖는다. 그 학생의 발언도 이주노동자와 어울려 일하고 지내며 얻은 생각이라기보다 매체의 언어와 이미지를 무비판적으로 흡수한 결과일 것이다.

이주노동자의 경우 '불법체류자'라는 용어가 고정관념의 틀을 제공한다. 페버의 승소를 이끌어낸 이탁건 변호사도 지적했다. "'불법체류'라는 말이 애초에 법을 어긴 사람들이라는 이미지가 있어요. 존재 자체가 불법이니까 또다른 불법도 저지를 수 있다고 생각하죠. 영화를 비롯한 대중매체도 부당한 이미지 형성에 기여하지 않았을까요."

명명은 해방의 첫단계다. 리베카 솔닛은 『이것은 이름들의 전쟁이다』(창비 2018)에서 이렇게 말했다. "무언가를 정확한 이름으로 부르는 행위는 무대책·무관심·망각을 눈감아주고, 완충해주고, 흐리게 하고, 가장하고, 회피하고, 심지어 장려하는 거짓말들을 끊어낸다. 호명만으로 세상을 바꿀 수는 없지만, 호명은 분명 중요한 단계다."(8면)

우리가 불법체류자 대신 서류 미비 노동자, 혹은 초과체류자라는 뜻의 '미등록 이주노동자'라고 불러야 하는 이유다. 미등록 이주노동자는 한국사회 일원으로 살아왔고 한국 경제에 기여하고 있다. 인류학자 김현미는 『우리는 모두 집을 떠난다』(돌베개 2014)에서 "'불법' 이주노동은 비자 통제를 통해 이주노동자를 관리하고자 하는 국가권력이 만든 범주다. 이들은 '미등록 이주노동자'로서가 아닌 일상적 거주민, 노동자, 세입자, 소비자, 신자, 공동체 일원이라는 구체적 정체성을 통해 자신을 표현한다"(91면)고 말했다. 실제로 미등록 이주노동자 인화는 25년을 한국에 살면서 일해서 번 돈으로 방세 내고 밥 사 먹고 옷 사 입고 살았다며 이렇게 말했다.

"외국인이지만 이곳에서 아이 잘 키워서 잘 살게 하고 싶은 마음은 똑같아요. 우리는 나쁜 사람들이 아니에요."

우리나라 경제 지탱하는 이주노동자

나를 아는 모든 나여

나를 모르는 모든 나여

부탁이 있네. 나를, 지금 이순간의 나를 영원히 잊지 말아주게

— 전태일 유서 중에서

미등록 이주아동의 체류자격 부여를 둘러싼 또다른 우려가 있다. 어떤 이들은 아동에게 체류자격이 부여되면 미등록 이주노동자들이 한국에 계속 살기 위해 아이를 낳을 것이라고 주장한다. 그럴 듯하게 들리지만 과도한 주장이다. 이탁건 변호사는 미등록 상태로 18년을 사는 게 결코 쉬운

먼 타인의 아이를 사랑하라

일이 아니라며 그럼에도 살았다는 것은 이 사람들이 한국에서 살 수밖에 없는 이유도 있겠지만 "한국도 이 사람들을 필요로 했기 때문"이라고 말했다.

'우리 사회가 이주노동자를 필요로 했기 때문에 이주노동자도 한국에 살 수 있었다'라는 말에 나는 머릿속에 전구가 켜지는 기분이었다. 맞는 말이다. 한쪽의 필요로만 유지되는 관계는 없다. 미등록 이주노동자는 1990년대부터 한국사회에서 계급 이하의 계급으로 존재했다. 1970년대에 전태일이 고발한 노동 현실에 버금갈 정도의 참혹한 장시간 저임금 노동을 지금까지 전담하고 있다. 한 채소 농장 비닐하우스에서 캄보디아 이주노동자가 숨진 사건이 발생한 게 2020년 겨울이다. 등록 이주노동자에 대한 처우도 이럴진대, 미등록 이주노동자의 경우는 어떨 것인가.

미등록이라서 통계에도 잡히지 않는 그들은 단속으로 죽고 일하다가 죽는다. 노동자에 대한 착취가 버젓이 이뤄지고 있지만, 그것은 한국 사람 기준에서 소위 '못사는 나라'에서 온 이주민 혐오나 인종차별 이데올로기로 가려지고 묵인되었고, 그렇게 계급적 불평등이 유지됐다. 그것도 자식을 낳고 기르며 살아갈 인간으로서 최소한의 권리조차 보장하지 않고 오직 노동력만 뽑아내면서 말이다.

한국은 전문직 기술 종사자에 대해서는 가족과 함께 생

활하는 것을 당연한 것으로 인정하고 가족 동반 비자를 주지만, 주로 고용허가제를 통해 오는 제3세계 출신 이주노동자에게는 아무리 한국에서 오래 일하더라도 가족을 동반하는 것을 허용하지 않는다.

"9년 동안 배우자, 자식들과 떨어져 살라는 게 사실 가혹한 요구죠. 가족과 함께 살고 싶은 게 인간의 당연한 욕구잖아요. 인간의 본성을 무시한 제도 설계가 아닌가 싶어요. 그러다보니 한국에서 새롭게 가정을 이뤄 산다거나, 배우자와 자식들을 몰래 데려와서 사는 경우가 점점 늘어나고 있어요"라고 이탁건 변호사는 지적한다.

우리 사회에서 이주노동자가 필수 노동력으로 존재하는 한 미등록 이주아동은 계속 생겨날 수밖에 없다. 이에 대해 사회학자 박경태는 『소수자와 한국사회』(후마니타스 2008)에서 이렇게 진단했다.

"미등록 이주아동을 줄이는 방법은 미등록 노동자의 수를 줄이는 것일 텐데 미등록 노동자 수를 줄이는 가장 효과적이면서도 인권 침해 시비가 없는 방법은 사업주들을 압박해 그들의 고용을 막는 것이다. (…) 그러나 공장에 외국 인력이 필요하다는 것을 잘 알고 있는 정부는 사업주 단속 부분은 사실 포기하고 가두 단속에만 주력했다."(79~80면)

우리가 입고 먹고 쓰는 것들에 이주민의 노동이 깃들지

않은 것이 없다면, 우리 사회가 이주노동자 없이 굴러갈 수 없는 게 현실이라면, 제대로 된 외국 인력 정책을 도입하고 가족을 구성할 권리가 마련되어야 한다.

장기체류 이주아동에게 체류권을 부여하는 게 불가능한 일이 아니다. 영국은 부모가 모두 외국인이어도 아동이 만 10세 이상 만 18세 이하이고, 태어난 후 10년간 영국에서 거주하면 부모의 체류자격과 무관하게 국적 취득 기회를 준다.

이란주 대표는 우선 이주아동에게 학번 같은 '등록번호'라도 주어져 배움과 복지에서 소외되지 않도록 해야 한다고 제안했다. 궁극적으로는 '보편적 출생등록제'가 도입되어 미등록 이주아동만이 아니라 이 나라에서 태어난 아이들 모두가 차별받지 않고 생존과 성장에 필요한 사회적 지원을 받을 수 있어야 할 것이다. 누구나 자신의 생애기회를 설계하고 삶을 누릴 수 있어야 하는 것은 시혜나 휴머니즘 차원이 아니라 인간의 당연한 권리다. 아니, 논리와 당위를 넘어 이미 존재하는 게 삶이다. 당사자인 페버는 이렇게 말했다.

"왜 한국에서 계속 살고 싶으냐고 묻는 사람이 있어요. 저는 이 질문을 한 사람에게 그대로 되돌려주고 싶어요. 그럼 왜 당신은 한국에 살고 계시나요? 똑같아요. 저는 이곳에서 태어나 자랐어요. 그러니까 여기에 사는 거죠. 만약에 제가 나이지리아에서 태어나 자랐으면 아마도 거기 살지 않았을까요? 꼭 특별한 이유가 있어야 하는 건 아니잖아요?"

살아가는 것이야말로 완전한 행동이다

> 이곳에서 살았다, 왜냐하면 존재했으니까, 그리고 존재했다,
> 왜냐하면 살았으니까.
> ─ 비스와바 심보르스카 「유공충」 중에서

나는 그동안 국가폭력, 가정폭력, 성폭력, 직장내폭력 등 피해자들의 서사를 담아내는 작업을 주로 했다. 이유가 있는 건 아니었다. 한편 한편 쓰다보니 그리 됐다. 친구가 부탁해서, 돈이 필요해서, 강력한 내적 요청에 의해서 등 때마다 계기는 달랐다. 그런데도 좋은 일을 하는 마음 따뜻한 사람이라는 말을 듣곤 한다. 약자의 목소리를 대변하는 작가라는 소개는 들을수록 민망하다. 그럴 때면 내가 잘못 살지는 않았지만 글은 잘못 썼구나, 하는 생각이 든다. 세상 어딘가에서 일어나고 있는 일을 기록한 건 좋은 일도 아니고 나쁜 일도 아니며 그냥 할 일이라고 생각한다.

나는 타인을 좋아한다. 존재를 억압하는 현실에 분노를 잘하고, 자기 고통을 직시하고 발언하는 용감한 사람에게 감동을 잘한다. 최근에는 분노와 감동의 연료가 바닥난 것 같아서 '절대 안정' 팻말을 붙여놓고 자체 휴업 중이었다. 어떤 일도 일어나는 게 삶이다, 한줄로 정리하고 초연하게 버티다가 미등록 이주아동의 이야기를 듣고는 "감았던 눈을 와짝"(윤동주) 뜨게 됐다. 무엇도 행하지 않았는데 법을 어긴 존재가 되어 경찰차만 봐도 가슴이 오그라들고 사람의 눈을 피해 고개를 숙이고 다니는 아이들, 미세한 불안감에 시시각각 만성적으로 시달리는 아이들의 고통을 뭐라고 불러야 할까.

세상에는 이름 붙일 수 없는 고통을 겪고 있어서 범주화되기도 어렵고 서서히 지워지는 존재들이 있었다. 그러나 그 아이들은 또한 자기 삶을 설명할 수 있는 언어를 가진 단단한 존재이자, 세상에 대해 질문을 던질 줄 아는 훈련된 시민이기도 했다. 미래가 깜깜할지라도 "살아가는 것이야말로 완전한 행동"(랠프 월도 에머슨)임을 보여주었다. 나는 미등록 이주아동의 삶에 가닿음으로써 내가 나임을 증명하지 못해서 애를 먹었던 순간을 위로받았고 운명을 마주하는 힘을 배웠다.

이주인권활동가 인터뷰도 뜻깊었다. 니체는 '이웃을 사

랑하라'는 도덕 법칙을 전복해 '보다 먼 이웃을 사랑하라'고 말했다. 자기 지인이나 지역, 국가, 민족, 가치관 같은 익숙한 세계의 틀을 깨고 자기를 넘어서라는 말이다. 활자로 익힌 먼 이웃 사랑의 참뜻을 나는 이주인권활동가들을 만나며 이해했다.

먼 이웃을 사랑하는 일은 간단치 않다. 낯선 존재는 두려움을 유발하고 그들도 우리와 다름없는 '같은 사람'임을 느끼려면 시간과 노력이 든다. 거기다가 이주민 인권에 대해 목소리를 내기라도 하면 우리나라 사람부터 도우라는 비난이 날아든다. 그런데 사회문제의 우선순위는 누가 어떤 기준으로 정하는 걸까? 이주인권활동가는 선주민 문제보다 이주민 문제가 더 중요해서 나선 게 아니었다. 자기 삶의 자리에서 우연히 타인의 고통을 목격했고, 먼 이웃의 일이라며 눈 돌리지 않았을 뿐이다. 같이 거들고 싸우다보니 '없는 아이들'이 되어버린 '있는 아이들'이 보이고 아이들의 신음소리도 들리는 사람이 된 것이다.

보다 먼 이웃, 작은 이웃, 미래의 이웃을 사랑하는 평범한 시민들이 많아지는 세상을 상상한다. 우리 사회에는 잘 보고 잘 듣는 어른들에 의해서만 세상에 드러나는 아이들이 존재한다. 보호자가 없어도, 안전한 집이 없어도, 적법

먼 타인의 아이를 사랑하라

한 체류자격이 없어도, 대단한 매력 자본이나 스펙이 없어도 아이들은 충분히 존중받으며 자라고 무사히 어른이 될 수 있어야 한다. 국가와 부모를 골라서 태어날 수 없는 아이들의 평등을 지켜주는 사회적 토대를 다지는 일에 이주 아동들의 목소리가 씨앗이 되었으면 좋겠다.

2021년 봄
은유

열아홉, 내년이면
쫓겨난다는 불안감

—

마리나

이주아동

마리나

이주아동

2002년 한국 태생. 한국에 머물던 언어·청각장애를 가진 몽골 국적 부모에게서 태어났다. 고등학교 졸업과 동시에 나고 자란 한국을 떠나야 하는 현실이 기본권을 침해한다며 국가인권위원회에 진정을 넣었고, 2020년 5월 국가인권위원회는 법무부에 마리나의 강제퇴거 중단을 권고했다.

미래 생각 안 하려고 넷플릭스 봐요

대학 합격자 발표가 언제인지도 몰라요. 대학에 관심 없어요. 그다지 가고 싶지 않았는데 석원정 대표님이 원서라도 넣어보라고 해서… 수시 원서도 넣었고, 수능시험도 본다고 하긴 했어요. 그런데 대학 입시에 시간 쓰고 싶지 않아서, 자기소개서 안 써도 되고 면접도 안 보는 곳에 그냥 되는 대로 넣었어요. 미래에 대한 생각 자체를 별로 안 해요.

평일에는 학교 온라인 수업 듣고 게임하고 넷플릭스 봐요. 뭐라도 좀 하고 싶다 하는 마음이 들면 게임을 하고, 손 하나 까딱하기도 싫다 하면 넷플릭스를 보는 거죠. 요즘에는 드라마 「엄브렐러 아카데미」를 보고 있어요. 넷플릭스에는 판타지, 액션, 미스터리 같은 다양한 장르의 프로그램이 있고, 넷플릭스 오리지널 작품이 많아서 좋아요. 저는 로맨스가 진짜 싫어요. 왜 있는지 모르겠어요. 어떤 장르든 로맨스가 조금씩이라도 들어가 있잖아요. 중간에 로맨스가 나오면 너무 지루해서 막 넘겨요. 게임은 스팀(글로벌 게임 플랫폼)에서 유료 게임을 사서 해요. 엔딩까지 가면 다른 게임으로 넘어가죠.

저는 어릴 때부터 애늙은이라는 소리를 들었어요. 생각이 많다고요. 제 생각에 애늙은이는 커가면서 점점 철부지로 바뀌는 것 같아요. 가불해서 쓰는 거죠. 지금은 미래에 대한 생각을 아예 안 해요. 그동안 과하게 많이 했거든요. 열아홉살이라는 나이가 너무 위태로워서 제가 제 스스로를 잡고 있지 않으면 뛰어내려 죽을 수도 있겠다 싶었어요. 그 래서 대학이나 제 미래 같은 건 생각 안 하려고 가상의 이 야기에 빠지는 거죠. 오로지 저의 정신건강을 위해서. 게임 하고 넷플릭스 보면서 남의 이야기에 집중해요.

열아홉, 내년이면 쫓겨난다는 불안감

비자 없다는 건 어렸을 때부터 알고 있었어요. 엄마 아빠가 우리는 '불법체류자'라고 말을 해줬거든요. 어릴 때는 그게 뭔지 잘 몰랐지만. 평소에 늘 자각하고 살지는 않아요. 그 러다가 쟤는 되고 난 안 될 때, '아, 나는 다른 아이들과 다 르구나' 하고 깨닫는 거죠. 초등학교 6년 마치면 중학교에 가잖아요. 그런데 저는 비자가 없어서 못 간다는 거예요. 담임선생님과 사회복지사 선생님이 방법을 알아본다고 여 기저기 문의하고 교장 선생님까지 동원했어요. 그 일이 저 의 상황을 제대로 인식하게 된 계기가 됐죠. 다른 애들은 중학교 가는 걸 걱정할 필요가 없잖아요. 결과적으로 저의 중학교 진학에는 문제가 없었는데요. 학교 서버에 제가 등록이 되어 있으니까 그냥 두면 중학교에 갈 수 있는 거였어요. 그걸 알고는 살짝 허무하더라고요. 학교에서도 저 같은 미등록 이주아동이 중학교에 진학한 사례가 없다보니 몰랐던 거예요.

그즈음에 우울증에 걸린 것 같아요. 살고 싶은 마음이 안 들더라고요. 중학생 때부터 지속적으로 상담을 받았어요. 고등학교 1학년 때까지 상담센터에서 정기적으로 상담을 받았고, 고등학교 3학년 때는 위클래스(Wee class, 학교 안전망구축사업의 일환으로 학교 내에 설치되어 있으며 학교 부적응 학생을 위한 상담과 인성 지도, 별도의 프로그램을 제공한다) 선생님한테 가끔 받았고요. 솔직히 상담을 받아도 크게 나아지는 건 잘 모르겠어요. 근본 원인이 해결되는 게 아니잖아요. 상담보다는 마음가짐이 중요한 것 같아요. 제가 올해 들어서 바뀐 게 많단 말이에요. 몇년간 우울증에 시달렸고, 자기혐오도 심했는데 올해 초에 자기혐오를 없애려고 굉장히 노력을 했거든요? 마인드도 많이 바뀌고 좋은 쪽으로 변한 것 같아요.

'열아홉'이란 나이가 계기가 됐어요. 스무살이 되면 강제로 내가 전혀 모르는 나라에 가야 한다는 사실, 그로 인한 극도의 불안감이 오히려 사람을 긍정적으로 만들더라고요. 왜, 숙제를 너무 미루다보면 '아, 이제 답이 없다. 어떡하지, 어떡하지' 하다가 어느 순간 갑자기 다 해낼 수 있을 것 같은 기분이 드는 거 있잖아요. 비슷해요. 극심한 불안에 시달리다가 '아니야, 괜찮아. 나는 다 해낼 수 있어' 이런 느낌으로 확 바뀌면서 자기애가 생기고 새로운 꿈이 생겼어요. 지금은 무병장수가 꿈이에요. 제가 몸이 약해서 어릴 적부터 잔병치레가 많았거든요. 예전에는 스무살이 되면 죽어야지 생각했는데, 지금은 바뀌었어요. 아, 난 꼭 무병장수할 거야. 백삼십살까지 살 거야.

제가 원래 편식이 심한 편이긴 한데 그래도 좋아하는 건 굉장히 많이 먹거든요. 치킨은 기본으로 혼자 한마리 다 먹고 부대찌개도 혼자서 4인분을 먹은 적도 있어요. 제가 극심한 불안과 스트레스에 시달렸다고 했잖아요. 올해는 뭘 먹어도 다 체하고 다 토하는 거예요. 보건 선생님이 소화제 주면서 하시는 말이 스트레스를 많이 받으면 위가 아예 운동을 안 한대요. 보건 선생님이 소화제 많이 챙겨주셨죠. 이제는 삼시 세끼 체하지는 않는데 어차피 먹어도 자꾸 체하고 아파서 안 먹다보니 먹는 양이 많이 줄었어요. 보통 하루를 1인분 정도로 버텨요. 가끔은 옛날에 양껏 먹었던 게 생각나서 서럽더라고요. 스트레스를 많이 받으면 이 정도까지 될 수도 있구나. 밥을 잘 못 먹으니까 너무 힘들어요.

아빠는 알코올 중독인 것 같아요. 엄마는 카페인 중독이에요. 커피를 정말 많이 마셔요. 액체에 중독되는 건 가족 유전인가봐요. 저는 탄산 중독이에요. 물 대신 콜라를 마셔요. 매일 1리터 정도 마시는데 펩시만 먹어요. 중학생 때는 힘들거나 우울하면 폭식을 했거든요. 케이크 한판을 혼자 다 먹었어요. 지금은 우울하면 다른 세계에 잠깐 갔다 온다는 느낌으로 집에서 블루투스 스피커로 노래를 완전 크게 틀어놓고 열창을 해요. 신나는 노래를 실컷 부르고 나면 좀 풀려요. 엄마 아빠가 소리를 못 들으니까 제가 소리에 제약 받지 않는 삶을 살 수 있는 건 그나마 조금 편해요. 새벽에 음악 틀어놓고 크게 노래 불러도 엄마 아빠는 잘 주무세요.

공부방에서 골고루 먹고 키 컸어요

저희 엄마 아빠가 중복장애인이에요. 청각장애하고 언어장애가 있어요. 두분 다 몽골에서 태어나 한국에 왔어요. 엄마는 부모님이 일찍 돌아가셨어요. 부모님 대신 엄마를 키워준 큰언니가 한국 사람이랑 결혼해서 큰언니를 따라 한국에 왔다고 해요. 한국에서 아빠를 만나 결혼하고 저를 낳은 거죠. 제가 어린이집에 다닐 때 초등학교를 들어갈 수

열아홉, 내년이면 쫓겨난다는 불안감

있을까 부모님이 상당히 불안해했대요. 이모랑 부모님이 초등학교에 찾아가서 교장 선생님께 문의를 했고 입학이 가능하다고 했을 때 수어로 연신 감사 인사를 했다고 들었어요.

초등학교 5학년 때인가, 가정통신문에서 청소년방과후아카데미 안내를 봤어요. 공부방 같은 느낌인데 공부보다는 여러가지 체험을 하는 데였어요. 당시에 엄마는 공장에서, 아빠는 건축 현장에서 일하고 있었어요. 부모님이 맞벌이를 해서 제가 맨날 혼자 있으니까 엄마가 걱정이 되셨나봐요. 엄마가 먼저 청소년방과후아카데미에 가보는 거 어떻겠느냐고 해서 가게 됐죠. 저희 가족이 체류자격이 없잖아요. 거기 선생님들이 제 사정을 다 알았어요. 제가 정식으로 청소년방과후아카데미에 다니게 하려고 선생님들이 굉장히 많이 알아봐주셨어요. 엄마가 선생님들과 얘기하다가 울던 모습이 기억이 나요. 지금까지 이런 인터뷰 여러번 했는데 이건 지금 기억이 났어요.

선생님들이 다닐 수 있는 방법을 찾아주셔서 5학년, 6학년 내내 그곳을 다녔어요. 다른 애들이랑 똑같이 거기서 캘리그래피도 배우고, 도자기도 만들고, 방송 댄스도 배우고, 시장도 가고 엄청 많은 체험을 했어요. 되게 좋았어요. 제키가 170센티미터거든요. 큰 편이죠. 청소년방과후아카데미에서 저녁을 챙겨주는데 반찬이 세가지 이상 나왔고 절대로 남기면 안 됐거든요. 맨날 억지로라도 골고루 먹으니까 그때 많이 컸어요. 역시 골고루 먹는 게 최고예요. 중학교 올라가면서 저녁을 못 챙겨먹어서 그런지 키 크는 게 더뎌졌어요. 아, 더 클 수 있었는데…

청소년방과후아카데미에 다니기 전에는 집에 혼자 있었어요. 학교 끝나면 집에 가자마자 텔레비전을 켜고 투니버스 채널을 틀어요. 초등학교 4학년 때였던 것 같은데, 수요일은 학교가 일찍 끝나잖아요. 점심 먹고 수업 한시간만 더 하면 집에 와요. 엄마는 점심 때 집에 와서 밥을 먹고 다시 일하러 가니까 학교 끝나자마자 빨리 뛰어가면 엄마를 아주 잠깐 볼 수 있었어요. 수요일이니까 빨리 가서 엄마 만나려고 막 뛰다가 교문 앞에서 철퍼덕 넘어진 거예요. 크게 넘어져서 무릎이며 손이며 다 까졌어요. 교문 앞에 애들 데리러 온 학부모들이 있잖아요. 너무 창피해서 엄청 아팠는데도 꾹 참고 집까지 절뚝거리며 걸어갔어요. 못 뛰니까 오늘은 엄마 못 보겠다 생각하고 있었는데 문 앞에서 막 나가려는 엄마와 딱 마주친 거예요. 참았던 눈물이 터졌죠. 엄마가 상처를 치료해주고 일터로 가셨어요. 제 처지를 잘 몰랐을 때는 저도 엄마를 되게 좋아했어요.

아빠 핸드폰 분실, 학생증으로 안 될까요?

부모님은 한글을 못 읽어요. 저는 몽골어를 못하고요. 부모님은 몽골어 수어를 다 잊어버리셔서 한국어 수어로 대화를 해요. 저는 정식으로 수어를 배운 적이 없어요. 부모님과는 2퍼센트 정도는 수어, 98퍼센트는 보디랭귀지로 얘기해요. 깊은 얘기를 할 수가 없어요. 엄마 아빠도 수어를 잘하는 편이 아니거든요. 사실 부모님께 굳이 깊은 얘기를 해야 할 필요도 모르겠고요. 만약에 말할 수 있다면 물어보고 싶어요. 도대체 무슨 생각으로 나를 태어나게 했는지. 책임감 같은 건 없는지.

한번은 아빠가 술을 마시고 핸드폰을 잃어버렸는데 누가 그걸 주워 지구대에 맡긴 모양이에요. 경찰이 신분증을 들고 와야 돌려준다고 하는데 아빠가 신분증이 어디 있어요. 혹시 학생증으로 어떻게 안 될까 싶어서 제가 같이 갔죠. 학생증으로 주민등록을 조회하는데 기록이 안 나오니까, 저보고 ○○고등학교 마리나가 맞느냐고, 안 뜬다고 추궁을 하는 거예요. 사정 얘기도 못하겠고. 아빠는 근처에서 기다리고 저 혼자 지구대에서 몇시간을 실랑이했어요. 경찰은 아빠 데리고 와라, 핸드폰 원래 주인 데리고 와라, 그

말만 반복하는 거예요. 제 심장이 쪼그라들었다가 늘어났다가… 정말 힘들었어요.

지구대를 나와서 아빠한테 아빠는 정말 내 인생에 도움이 안 된다고, 핸드폰 버려버리라며 화를 냈어요. 아빠랑 같이 횡단보도에 서 있다가 아빠 그냥 차에 치이면 안 되겠냐고 했어요. 아빠가 엄청 화를 내시더라고요. 난 내 생각을 말했을 뿐인데. 결국 둘이 따로 집에 갔어요. 저는 학생증으로 미등록 신분을 숨길 수 있잖아요. 그래서 하고 싶지 않아도 어쩔 수 없이 부모님 뒷바라지를 하게 돼요. 정말 너무너무 화가 나요. 그동안은 이런 얘기 거의 안 했거든요. 올해부터 드러내기 시작했어요.

제가 올해 참다 참다 터진 게 진짜 많아요. 원래 속으로만 '아, 진짜 싫다' 그러고 말았는데 올해부터는 엄마 아빠한테 "너무 짜증나" 그래버려요. 전에는 엄마 아빠가 적반하장으로 저한테 화낸 적도 많은데 제가 이렇게 나오니까 엄마 아빠 기가 좀 죽었죠. 체류자격도 없이 날 키운 걸 떠나서 육아 방식 자체가 말도 안 돼요. 솔직히 가정폭력으로 신고해도 될 정도예요. 초등학생 때 부모님께 맞은 적도 많고, 정신적으로도 엄마 아빠가 저를 너무 괴롭혔어요. 지금은 저도 컸으니까 때리지는 않는데, 엄마가 갱년기를 겪으면서 저를 엄청 때렸어요. 스트레스를 다 저한테 풀었죠.

어떻게 자기 자식을 발로 찰 수가 있어요? 아빠는 술 마시고 와서는 초등학생인 저한테 뭐라고 했는 줄 아세요? 나중에 자기가 일 못하게 되면 네가 우리 다 먹여 살려야 된다, 너 공부 꼭 잘해야 된다고 그랬어요. 어떤 부모가 자기 키 반도 안 되는 애한테 그런 말을 해요?

문제집 하나 사준 적 없는데 내가 어떻게 공부를 잘해?

엄마 아빠는 몽골인인 데다가 장애인이어서 정보력이 없잖아요. 학원을 보내주거나 과외를 시켜주는 건 고사하고 문제집 하나 사준 적이 없어요. 그래놓고는 공부를 잘하라니까 어이가 없죠. 중학생 때는 제가 알아서 문제집 지원 프로그램은 없는지, 멘토링 프로그램은 없는지 찾아보고 스스로 공부했어요. 고등학교 들어가서도 초반에는 열심히 했는데 언제부턴가 '에라, 모르겠다. 아무도 날 챙겨주지 않는데 나 혼자 뭘 어떻게 해?' 이런 생각이 드는 거예요. 그때부터 공부에 흥미가 떨어진 것 같아요. 제가 수능모의고사를 보면 수학이랑 영어가 좀 약해요. 영어는 암기잖아요. 제가 암기를 잘 못하거든요. 사회탐구는 재미있기는 한데, 공부 자체에 동기부여가 잘 안 돼요. 미래가 깜깜하니까 공부할 생각이 안 들어요. 부모님께 "엄마 아빠가 아무것도 안 해주는데 내가 어떻게 공부를 잘해?" 그렇게 말해봤죠. 그랬더니 "해줄게, 네가 알아와. 돈 줄게" 그러는 거예요. 말도 안 되는 소리죠. 돈도 저한테 빌려가거든요.

엄마 아빠가 제 덕분에 받은 혜택이 많아요. 솔직히 마흔 넘은 불법체류자를 누가 도와요? 그런데 거기에 열살짜리 애가 딸려 있다? 그러면 당연히 불쌍해서 다 도와줘요. 제 앞으로 장학금이나 여러가지 지원 물품들이 와요. 중학생 때는 그런 걸 엄마가 다 썼어요. 고등학생 때는 이주민센터 도움을 받아서 제 통장을 만들었어요. 그 통장에 나중에 대학 등록금으로 쓰려고 돈을 모았어요. 착한 분들이 많이 도와주셔서 몇백만원 정도 쌓여 있었는데, 부모님이 빌려갔어요. 본인들이 체류자격도 없고 일을 못하고 있어도 월세는 내야 되니까. 어른이면 알아서 어디서 돈을 꾸든가 해야 되는데 제 통장에서 돈을 빼가는 거예요. "네 통장에 있는 돈 좀 쓸게" 그러고 몇백만원을 빌려가요. 제가 착실하게 모으고 있던 돈인데요.

저는 감사할 줄 모르는 사람이 너무 싫어요. 아빠가 그렇거든요. 그전에 어디서 50만원을 지원받은 적이 있어요. 공부하는 데 쓰라고요. 얼마나 좋아요. 땅 판다고 오백원이라도 나오나요? 50만원이 얼마나 큰돈이에요. 그런데 아빠가 50만원이 뭐냐, 100만원 아니, 500만원은 줘야 될 거 아니냐 하는 거예요. 다른 지원을 받을 때도 양이 적다는 말을 많이 해요. 감사할 줄 모르는 거예요. 저는 휴지 한장을 받아도 감사한데. 아빠의 감사할 줄 모르는 태도는 정말 너무너무 나쁘다고 생각해요.

엄마 아빠가 저한테 해준 것보다 제가 엄마 아빠한테 해준 게 더 많다니까요? 제가 24시간 무료로 통역해주잖아요. 사장님한테 문자 보내는 것도 대신 해달라고 해요. 저는 아직 어리니까 일하는 관계도 모르고 어떤 방식으로 대화를 해야 되는지도 잘 모르잖아요. 그래도 도와줬어요. 어릴 때부터 그런 게 엄청난 스트레스였어요. 엄마 아빠가 아마 제가 말을 할 수 있을 때부터 그런 걸 시켰던 것 같아요. 무료로 통역해주지, 나 때문에 지원받지, 내 돈 빌려가지.

아빠는 원래 일하던 데서 신분 위조한 게 적발되는 바람에 돈을 더 적게 받는 일용직 아르바이트를 하고 있어요. 생활비는 아빠가 벌어서 써요. 저는 엄마 아빠한테 용돈 안 받은 지 몇년 됐어요. 학생이라 아르바이트는 못하니까 돈이 필요하면 제가 갖고 있는 것들, 초등학생 때 샀던 닌텐도 같은 거 팔아서 용돈으로 썼어요. 그러니까 솔직히 엄마 아빠가 저를 키워준 게 아니고 제가 엄마 아빠를 키워준 거나 마찬가지예요. 전 사과받고 싶지도 않아요. 그냥 엄마 아빠랑 연 끊고 살고 싶어요.

이름 뜻 안 물어봐주는 게 고맙다

스스로 몽골 사람이라고 느낀 적은 거의 없어요. 제가 몽골
과 별로 관련이 없다는 생각이 들기도 하고요. 말 한마디
안 통하는 곳에서 잘 지내기는 어려울 것 같아요. 설사 제
가 돈을 많이 벌어서 부유해진다 해도 몽골에서 살고 싶지
않아요. 가보지 않았지만요. 부모님도 돌아가고 싶다는 얘
기는 안 하세요. 가끔 한국은 깨끗하고 안전한 곳이니 여기
사는 걸 다행으로 여기라고 하시곤 했죠.

　제가 몽골인이라는 걸 주위 사람들은 몰라요. 저와 유
치원, 초등학교, 중학교까지 같이 다닌 친구들도 제가 한국
인인 줄 알아요. 올해 두명한테 얘기했어요. 열아홉살이 되
니까 '하, 모르겠다, 애네는 친하니까 말해도 되겠지' 싶더
라고요. 친구들도 저한테 자기 비밀을 털어놨어요. 친구 이
야기를 듣고는 "넌 그런 일이 있었구나" 했죠. 좀 낫던데요.
후련하다 할 것까지는 아니더라도 살짝 괜찮다 싶은? 누구
든 다른 사람한테 자기 얘기를 다 하고 살지는 않잖아요.
저는 속으로만 생각하는 얘기가 너무 많아요. 그래도 이제

친구들한테 '법무부 너무 짜증난다' 같은 투정을 할 수 있는 건 좋죠.

친구들은 어차피 나중에 연락이 끊길 거라 생각하니까 별로 중요하게 여기지 않아요. 안정적인 상황이었으면, 제가 건강한 정신을 갖고 있다면, 다른 친구들에게 먼저 연락도 하고 친하게 지냈을 수도 있겠죠. 제가 학교에서는 엄청 살갑거든요. 학교 친구들이 보는 저는 그저 이름이 조금 특이한 친구? 그 정도 같아요. 원래는 마리나가 몽골어 이름이고 성이 따로 있어요. 뭔지는 몰라요. 저는 제가 생각해놓은 한국인 설정이 있었어요. '마'를 성이라고 하자. 그래서 장흥 마씨로 정하고 한때는 한자를 외우고 다녔어요.

해마다 학년 올라갈 때가 제일 힘들었어요. 학기 초에 선생님들을 새로 만나잖아요. 선생님들이 매번 이름 뜻이 뭐냐고 물어봐요. 그냥 모른다고 대답하고 말죠. 정말 지긋지긋해요. 안 물어보는 선생님이 거의 없어요. "와, 이름 되게 예쁘다" 그러면서… 본인은 엄청 신경 써주는 줄 알아요. 칭찬으로 하는 말이니까. 그런데 저는 아예 무관심해주셨으면 좋겠어요. 그래서 그런지 오히려 이름 뜻 안 물어보는 선생님한테 호감이 생기더라고요.

보통 담임선생님들은 제 상태를 알고 있고, 다른 과목 선생님들은 몰라요. 담임선생님이 장학금 받을 수 있는지 알아봐주시고, 상담 프로그램도 연결해줘요. 체류자격이 문제되지 않는 것들 찾아서 알려주시고요. 중학교 2학년 때 담임선생님이 저를 도와줄 방법이 없나 알아보다가 이 주민센터가 있다는 걸 알고 방문 예약을 해주셨어요. 그곳에서 석원정 대표님을 처음 만났죠. 멀어서 자주 가지는 못했고요. 이탁건 변호사님과는 중학교 3학년 때 만나서 큰 도움을 받았어요. 감사하죠.

제가 의료보험이 안 돼요. 감기 걸려도 그냥 참는 편이에요. 그런데 한번은 감기가 너무 안 낫는 거예요. 몽골인들 할인해주는 제도가 있다는 큰 병원에 갔어요. 그랬더니 진료비하고 약값이 6만원이 나온 거예요. 보험이 없으니까 할인을 해도 부담이 큰 게 제일 불편해요.

그런 거 말고도 제가 당당한 사람이 아니어서 슬펐던 순간들이야 많죠. 제가 초등학교 5학년 때부터 엑소라는 아이돌을 좋아했어요. 콘서트가 너무 가고 싶었어요. 그런데 생각을 해보니까 콘서트를 가려면 티켓 예매를 해야 하고, 예매를 하려면 사이트에 가입해야 하잖아요. 저는 사이트에 가입할 수 있는 주민등록번호가 당연히 없고. 예매 자체가 불가능한 거예요. 가끔 아이돌 멤버들이 생일파티를 할 때가 있는데 규모가 작은 데서 하기 때문에 모든 사람이 신원 확인을 하고 들어가요. 그런 일을 겪을 때마다 자괴감이

들고 끝도 없이 우울해지죠.

아, 지금은 엑소 팬 아니에요. '덕질'을 하니까 게임할 시간이 없어서요. 그리고 좀더 크고 나니까 애초에 아이돌 산업 자체가, 인간이 상품이 된다는 게 비윤리적이라는 생각이 들었어요. 게다가 팬 사인회 입장권 한장 얻으려면 똑같은 음반을 여러장 사야 해요. 몇십장은 기본이에요. 상업주의가 진짜 심각하죠. 환경 문제와도 관련이 있어요. 나무들한테 사과해야 돼요.

봉사 동아리 부장에서 사회복지사의 꿈으로

고등학교에 가면 동아리 활동을 의무적으로 해야 해요. 저는 봉사 시간을 채우려고 봉사 동아리에 들어갔어요. 제가 1365자원봉사포털에 가입을 못하니까 봉사 증명서를 수기로 받아야 한단 말이에요. 중학교 때 다녔던 청소년방과후아카데미는 제 사정을 아니까 거기서 봉사를 하면 수기로 작성을 해줬어요. 그러다 고등학교에 들어갔는데 아카데미 선생님들이 다 모르는 분들로 바뀐 거예요. 어떡하지 하다가 봉사 동아리에 들어가서 정기적으로 봉사를 하면 신뢰가 쌓일 거 아니에요. 그러면 수기 증명서를 부탁해볼 수 있지 않을까 생각한 거죠.

봉사 동아리에 들어가서 동아리부 부장 언니한테 개인 사정으로 봉사 사이트 가입이 안 된다고 말하고, 봉사 가는 단체 직원하고도 얘기를 했어요. 사정이 있으니 수기로 작성해달라고. 요양원에서 1년 동안 한달에 두번씩 봉사를 했어요. 꾸준히 다니면서 성실하게 했고, 2학년 때는 제가 동아리 부장이 됐어요. 봉사 시간 10시간만 채워도 되는데 저는 한 200시간 했을 거예요. 솔직히 요양원 봉사는 봉사가 아니라 청소예요. 건물 전체 청소를 다 했어요. 몸이 떨어져 나가는 것 같죠. 그때 제가 느낀 건 '요양원 봉사는 하는 게 아니다.' 그래도 2년 동안 성모마리아의 마음으로 정기적으로 봉사했어요. 대학을 사회복지학과로 진학할 때 봉사 시간 많으면 좀 도움이 되겠지 하는 생각도 있었거든요. 그때는 미래를 생각했으니까요. 지금은 대학 갈 생각이 없으니 소용없어졌지만요.

초등학교, 중학교 때 학교에 전담 사회복지사 선생님이 계셨는데 저를 많이 도와주셨어요. 저 눈 수술도 했어요. 사시가 심해서 제어가 안 될 정도로 눈알이 계속 돌아갔었거든요. 사시 수술이 원래 일반인도 보험 적용이 거의 안 된다고 해요. 비용이 한 300만원 드는데 제가 그만한 돈이 어디 있어요. 어떡하지 하고 있던 차에 사회복지사 선생님이 굿네이버스를 연결해줘서 전액 지원을 받았어요. 수술 이후 진료까지 다 무료예요. 게다가 감사 편지라도 쓰게 시킬 줄 알았는데, 수술 후 사진 한장만 찍고 말더라고요. 그 다음부터 어디서 굿네이버스 얘기 나오면 저는 무조건 거기 되게 좋은 데라고 말해요.

아무튼 중학교 때 전담 사회복지사 선생님들이 저를 많이 도와주신 게 감사해서 나도 은혜를 갚아야겠다, 나도 다른 사람을 돕고 싶다는 마음이 들었고, 그래서 사회복지학과 진학을 생각했죠. 선생님이랑 굉장히 친했거든요. 그 선생님을 가까이서 오래 보다보니까 저도 사회복지사를 할 수 있겠다는 생각이 들었어요. 사실 사회복지사는 자격증만 따면 되는 거라서 대학은 크게 상관이 없어요. 대학 원서는 일단 다 사회복지학과를 넣긴 했어요. 그런데 마음에 드는 대학은 아니에요. 저는 이유가 있어서 공부를 못한 거예요. 저의 상황 때문에 못한 거니까요.

내가 나임을 인정받는 게 평범한 삶

제목은 기억이 안 나는데 어떤 소설책을 읽다가 '아무것도 안 하는 게 제일 큰 손해'라는 말을 봤어요. 주인공이 엄청 큰 사업을 두고 고민을 해요. 투자를 해서 성공한다면 막대한 이익을 얻을 수 있지만, 잘못되면 그만큼 큰 손해를 볼 수도 있어요. 그러니까 옆에 있던 친구가 아무것도 안 하면 최소한 손해는 안 보지 않느냐고 말해요. 그런데 주인공이 '아무것도 안 하는 것만큼 제일 큰 손해가 없다'라고 말하거든요. 거기서 딱, '이거 명언이다' 하고 새겼죠.

그 무렵에 이주민센터에서 저에게 법무부 면담이나 언론사 인터뷰 같은 거 해보면 어떻겠느냐고 조심스럽게 물어왔어요. '아무것도 안 하는 게 제일 큰 손해'라는 말을 생각하면서 오는 인터뷰마다 다 한다고 했어요. "좀 지치지만 할게요." 막상 해보니까 저한테도 도움이 되는 것 같아요. 석원정 대표님이 대학 가라고 하는 것도, 제가 행동함으로써 저에 대해 관심을 가져주는 사람이 생기니까 저에게는 이익이죠. 다만 지금의 저에게는 그 말이 맞지 않는 것 같아요. 지금 저는 오직 저 하나 챙기려고, 스스로에게 부담 주지 않으려고, 저를 딱 지탱하기 위해서 아무것도 안 하고 있거든요.

끼리끼리 놀아서 그런지, 제 친구들도 딱히 평범한 삶을 살고 있는 것 같지는 않아요. 부모님의 공부 압박이 엄청 심한 애도 있고, 집이 못살고 부모님이 심하게 막 대하는 애도 있고요. 평범한 삶이라는 건 솔직히 유토피아나 다

　　　　　열아홉, 내년이면 쫓겨난다는 불안감

름없다고 생각해요. 멀쩡한 부모들이 거의 없잖아요? 내가 원하는 그나마 평범한 삶이 뭘까? 제 친구들도 다양한 형태로 집안이 안 좋지만 그래도 내가 태어난 날이 언제인지 나라에서 기록해주고 보장해주기는 하잖아요.

대한민국은 주민등록제도가 너무 잘되어 있어요. 코로나19 이후로 핸드폰으로 QR코드 본인인증을 하잖아요. 웬만한 온라인 사이트들도 본인인증을 핸드폰 번호로 하고요. 저는 이모부 명의로 핸드폰을 쓰고 있어요. 좀 전에도 QR코드를 찍었는데, 사실상 제가 아니라 이모부 이름이 뜨겠죠. 그래서 밖에 잘 안 나가요. 엄마 아빠는 QR코드 사용을 못하시니까 매번 수기로 출입 명부를 써요. 마스크도 코로나19 초기에는 주민등록증이 있어야 살 수 있었잖아요. 그때는 다행히도 도움을 주던 센터에서 마스크를 따로 챙겨줬어요. 한국은 의료보험이 잘되어 있기 때문에 큰 병 아니면 병원비 걱정을 별로 안 하잖아요. 그런데 저는 걱정을 하잖아요.

결국 다른 사람들과 동등하게 살 수 있는 것. 내가 나임을 인정받는 것. 제가 원하는 건 그런 최소한의 것들이에요. 저는 한국에서 유령으로 지내온 거나 마찬가지예요. 살아 있는 사람으로 인정받고 싶어요.

당신은 왜 한국에
살고 있나요?

—

페버

이주아동

페버

이주아동

1999년 한국 태생. 한국에 머물던 나이지리아인 부모에게서 태어나 9년간 합법적으로 살았다. 2008년 아버지가 나이지리아로 갔다가 돌아오지 못하면서 가족의 체류자격이 상실됐다. 2017년에 불법체류·취업 중 적발되어 강제퇴거 명령을 받았으나 법원에 취소 소송을 제기하여 승소하고, 2018년 6월 체류자격을 얻었다.

열여덟살, 공장에서 일하다가 잡혀

그때가 고등학교 3학년이고 한국 나이로는 열여덟살이었어요. 뉴스에는 열입곱살로도 나왔죠. 잡혔을 때는 유리 공장에 있었어요. 아파트 창문이나 베란다 유리를 만드는 곳이에요. 특성화고등학교에서 3학년 때부터 현장실습을 나가는데 저는 비자가 없어서 현장실습을 못 나가고 있었어요. 그러다가 12월에 교회 사람이 하는 보일러 회사에 취업했어요. 한달 일하고 월급 받을 때가 되니까 일을 제대로 못해서 돈을 못 주겠다고 하는 거예요. 결국 일을 그만두고 엄마의 지인을 통해서 엄마가 예전에 일했던 유리 공장에 갔어요. 겨울방학이었죠. 1월과 2월에 거기에서 일하다가 내려와서 졸업식하고, 다시 일하러 갔다가 4월 13일에 잡혔어요.

유리 공장에서 처음 한달간은 유리 자르는 일을 했어요. 유리가 나오면 기계로 유리를 사이즈별로 자르고 손으로 들어서 옮겨요. 그러다가 당시에 사장님이 옆에 또다른 공장을 짓는데, 반장님들이랑 같이 용접을 하라고 하더라고요. 제가 학교에서 용접을 배웠거든요.

제가 잡히던 날 상황이 어땠냐면요. 다른 반장님들하고 밖에서 용접을 하고 있었는데 공장 뒤 공터에서 갑자기 법무부 차량이 들어왔어요. 도망 못 가게 정문이 아니라 뒷문으로 들어오더라고요. 전에도 일하다가 단속 때문에 다 같이 산으로 도망가서 숨어 있다 돌아온 적이 있었어요. 이번에는 누가 신고를 했나봐요. 공장으로 갑자기 들이닥쳤기 때문에 정문도 막히고 공터 쪽도 막혔죠.

법무부 차에서 누가 내리더니 저한테 신분증을 보여달래요. 신분증이 기숙사에 있다고 하면서 따라가는 척하다가 뒤돌아서 공터 뒤 도로 아래쪽으로 도망을 쳤어요. 계속 달렸어요. 얼마나 뛰었는지 모르겠어요.

뛰면서 엄마한테 전화를 했어요. "빨리 와, 큰일 났어, 도와줘, 차 타고 와"라고 했어요. 엄마가 일단 알았다고 기다리라고 했는데, 너무 뛰어서 숨이 막히더라고요. 제가 빠르니까 그쪽에서 차를 타고 앞질러서 저를 가로막았고, 저는 담을 넘다가 천식 때문에 도저히 숨이 안 쉬어져서 쓰러졌어요. 법무부 사람들이 와서 저에게 수갑을 채웠죠. 그때까지는 크게 걱정 안 했어요. 길어봤자 하루 이틀이면 나가겠지 싶었거든요.

그 공장에 30~40명이 일하는데 90퍼센트가 미등록 노동자였어요. 우즈베키스탄, 카자흐스탄, 미얀마, 베트남에서 온 사람들이 다 섞여 있었죠. 같이 잡힌 다른 외국인들과 법무부 차를 타고 청주 출입국관리사무소(현 출입국·외국인사무소)로 가면서 창밖을 보고 '날씨 화창하다'라고 생각했던 게 기억나요.

보호소에서 50일, 천식 약 반입 안 시켜줘

출입국관리사무소에 도착하니 옷을 갈아입히고 사진 찍고 지문 채취를 하더라고요. 거기로 엄마가 오셨어요. 엄마가 우니까 사람들이 밖으로 쫓아냈어요. 저는 엄마한테 괜찮다고, 이따 보자고 했어요. 그랬는데 청주외국인보호소에 들어가면서부터 약간 불안해지더라고요. 일주일이 되고, 한달이 되고, 두달이 되니까…

　　보호소에 4월 13일부터 6월 2일까지 50일 정도 잡혀 있었어요. 거기 있는 동안 너무 절망스러웠어요. 거기 있는 분들이 제 사연을 듣고 다들 안타까워했어요. 제가 들어왔을 때 있던 사람들은 금방 떠났어요. 그 사람들은 다 짧으면 이틀, 길면 일주일 후에 본국으로 송환돼요. 그 과정을 지켜보는데 지치더라고요. 조금이라도 정 붙이면 금세 떠나가니까요. 차라리 송환되고 싶을 정도였어요. 거기에 스리랑카 사람이 있었는데, 그분은 죄를 지어서 재판 때문에 보호소에 3년을 있었대요. 저도 저렇게 되는 건가 싶더라고요.

보호소에 있는 사람들 대부분은 일하려고 관광비자로 왔다가 초과체류하는 거고, 저는 한국에서 태어나고 자랐지만 어느 날 미등록자가 됐다는 점이 달랐죠. 그렇지만 거기 있는 사람들과 얘기하다보니까 정말 너무하다는 생각이 들었어요. 공중전화 부스에서 울면서 통화를 하는 분들이 정말 많았어요. 얼마나 힘들었을까요. 자기 나라에 가족과 어린 자식들이 있어요. 그분들은 힘들게 지내면서 월급을 가족들에게 보내고 사랑하는 가족들 먹여 살리려고 일한 것뿐이잖아요. 오히려 피해를 당하는 건 그분들이에요. 한국사회는 그분들을 범죄자 취급하고 나쁜 사람으로 몰아가요. 돌아가고 싶어도 돌아가지 못하는. 그런 모습을 보면서 여러 생각이 들고 많이 서러웠어요.

제가 천식 때문에 숨을 제대로 못 쉬어요. 엄마가 호흡기 약을 보호소로 전해줬는데 보호소에서 의사가 확인해야 한다면서 일주일 넘게 전달해주지 않았어요. 의사가 일주일에 한두번 오는데 하필 그 주에 안 온 거예요. 밤이 되면 천식이 더 심해져요. 아침에 일어나면 사람들이 저 때문에 밤에 제대로 못 잤다고… 숨 쉴 때마다 헥헥 소리가 나니까 애가 죽는 줄 알고요. 저와 같이 있던 분들이 저를 간호해줬어요. 말레이시아 분들, 러시아 분들이 저 대신에 약 좀 달라고 항의도 하고요. 며칠째 이러고 있는 거냐, 의사는 언제 오냐, 여러번 물어봤는데도 의사가 오기로 한 날에 안 와서 약을 못 준다고만 하는 거예요. 밖에 있었다면 혼자여도 119에 전화를 하거나 약이라도 살 수 있는데, 그 안에서는 약도 못 사고, 병원도 갈 수 없고, 그때만큼 살면서 무서웠던 적이 없어요.

엄마가 면회 오셔서 저에게 포기하지 말라고, 맘 굳게 먹으라고 하셨어요. 저는 솔직히 말하면 차라리 떠나고 싶었지만 막상 정말로 나이지리아에 돌아가면 갈 곳이 없었어요. 나이지리아에서는 말도 안 통하고, 아는 것도 없고, 문화가 너무 다르잖아요. 저도 한국에서 힘들게 살고 있지만 적어도 나이지리아에 사는 것보다는 낫다고 생각해요. 만약 아빠가 출국했을 때 저희도 다 같이 갔다면 과연 온 가족이 온전히 살아 있을까? 누구 하나는 죽었겠다 싶더라고요. 아빠가 혼자 가셨을 때, 저희가 힘든 걸 아시는데도 저희한테 돈 좀 보내달라고 하셨어요. 이런 상황이니 우리가 어떻게 돌아가겠느냐, 조금만 더 견디자는 엄마의 말에 50일을 견뎠죠. 그때 제가 '죽고 싶은 심정이었다'고 말했다는 기사가 나갔는데 그건 좀 과장된 말이에요. 살아야지 왜 죽어요.

당신은 왜 한국에 살고 있나요?

초등학교 3학년 때 첫 방송 출연
'한국에서 살게 해주세요'

제가 열살 때였어요. 어느 날 엄마가 저희를 데리고 다급하게 아빠를 만나러 출입국관리사무소로 갔어요. 아빠가 한국을 떠나게 됐다, 5년 후에나 돌아오는데 네가 중학생이될 때다, 그래서 당분간 아빠를 못 본다고 했어요. 너무 슬퍼서 화장실에서 울었어요. 아빠는 1997년에 합법적으로 비자를 받아서 한국에 왔어요. 2008년에 출입국관리사무소에서 한국에서는 비자 연장이 안 되니까 나갔다가 들어오라고 한 거예요. 그래서 아빠가 마카오로 갔다가 홍콩, 중국으로 가서 비자 신청을 하려고 했는데 여권을 잃어버려서 결국 나이지리아로 가시게 됐어요. 다시 한국에 들어오려고 했는데 한국에서 입국을 거절하고 비자를 안 줬어요. 사실 아빠가 귀화 신청을 했다가 여러번 실패했다는 이야기를 재작년에 엄마에게 들었어요.

아빠가 떠난 후 1년 동안 임시 비자를 받아서 살았어요. 1년간 준비해서 떠나라고 정부에서 시한을 준 거죠. 초등학교 3학년 때 처음으로 방송에 나갔어요. 반 친구 아빠가 MBC에서 일하시는데 제 사정을 알게 돼서 출연하게 된 거죠. 저희가 비자 문제를 해결 못하면 출국해야 한다고, 집에서도 찍고 길거리에서 찍고 반 친구들과도 같이 '우리 한국에서 살게 해주세요' 하면서 찍었어요. 그런데 솔직히 큰 변화는 없었어요. 별다른 좋은 반응은 없었고 동네 이야깃거리만 된 셈이죠. 그래도 방송에 여러번 나갔어요. 지금은 아니에요. 저희 가족이 다 그래요. 예전에는 얼굴도, 가족도, 집도 드러내면서 필사적으로 했는데 오히려 기대와 달리 상처를 많이 받아서, 그 뒤로는 꺼려해요.

아빠 있을 때만 해도 경제적으로 나름 괜찮았어요. 아빠가 떠나고 형편이 더 어려워졌죠. 아빠가 한국에 온 나이지리아인 중에 1세대이기 때문에 한국에 있는 나이지리아 사람들은 아빠 이름만 말해도 알아요. 우리를 잘 알지 못하는 사람들이 우리 얘기를 많이 해요. 아빠가 일본에서 여자랑 바람나서 살고 있다는 둥 이상한 소문이 나더라고요. 엄마가 상처를 많이 받으셨죠.

재작년에 나이지리아 대사관에 갔어요. 거기 계신 분들도 저희 얼굴은 몰라도 저희 가족 이야기를 알고 있었나봐요. 아들은 이렇게 됐네, 엄마는 이렇게 됐네, 남편은 이렇게 됐네. 우리가 앞에 있는 줄 모르고 얘기를 하더라고요. 보호소에도 나이지리아 사람이 있었는데 저희 얘기를 하시고요. 그분은 제가 그 당사자인 줄 몰랐겠죠.

이사를 자주 다녔어요. 아주 어렸을 때는 서울 구파발에 살았고, 유치원 때는 해방촌에 살다가 초등학교 때 이태원으로 이사를 갔어요. 이태원에서도 몇달에 한번씩 집을 옮겼고요. 2010년에 경기도 이천에서 1년 정도 살다가 2011년, 그러니까 제가 중학생 때 여기로 이사했어요. 지금 9년째 살고 있죠.

이사를 많이 다닌 이유는 경제적인 어려움도 있지만 저희 오남매가 다 어렸기 때문에 주변에서 시끄럽다는 민원이 많아서였어요. 이상하게 저희가 가는 집마다 트러블이 많아요. 예를 들어 어느 날은 교회를 갔다가 교회 사모님하고 같이 집에 왔는데, 저희가 집에 들어와서 앉자마자 시끄럽다고 집에 찾아 온 경우도 있었어요. 저희도 당황하고 교회 사모님도 당황하고… 모르겠어요, 저희도 문제가 있었겠지만 가는 곳마다 안 좋은 이웃을 만났던 것 같아요. 월세가 밀려서 거의 쫓겨나다시피 한 경우도 있었고요.

교회 말고는 이웃들하고 좋은 기억 없어요. 엄마는 서울을 싫어하셨어요. 저희가 괜찮아질 때까지는 서울에 안 가겠다고 하셨죠. 지금은 종종 가시는 편이에요. 제가 이렇게 키도 크고 잘 컸다, 이런 걸 보여주려고 가끔 가시곤 해요.

나를 친구 아닌 불쌍한 아이로 본다

중학생 때가 제 인생 최악의 시기였어요. 담임선생님이 다른 반 수업 시간에 제가 비자가 없다는 이야기를 했나봐요. 점심시간에 급식 줄에 서 있는데 다른 반 애들이 오더니 저한테 "페버야, 너 괜찮아?" 하면서 위로해주는 거예요. 그때 정말 온갖 생각이 다 들었어요. 친구들 앞에서 벌거벗고 있는 것 같더라고요. 저를 친구로 안 보고 불쌍한 사람으로 봐요. 그전까지는 그냥 친구였는데 졸지에 가난하고 불쌍한 애가 되어버린 게 슬프죠. 그렇다고 학생이 선생님한테 왜 그랬냐고 따질 수도 없잖아요?

선생님은 이런 친구가 있으니 잘 대해주라는 의미로 이야기하신 걸 수도 있지만, 세상에 좋은 사람만 있는 게 아니잖아요. 선생님들이 자기가 무심히 뱉은 말이 어디로 튈지 모른다는 걸 알고, 말을 좀 삼갔으면 좋겠어요. 그 선생님이 평소에도 수업 시간에 본인 아들 얘기나 남편 얘기 같은 걸 자주 하시는데, 저는 들을 때마다 제가 아들이나 남편이라면 너무 부끄럽겠다고 생각했거든요. 엄마도 그러셨어요. "누구나 가정 문제 등 집안 사정이 있지만 남들에게 다 얘기하지는 않는다."

그래도 고등학생 때는 조금 나았어요. 학생들이 여러 지역에서 오니까 저를 알지 못하는 친구들이 많았거든요. 저를 있는 그대로 바라봐주는 친구들이 있어서 좋았어요. 제가 키도 크고 축구도 잘해서 인기가 좀 있었어요. 그런데 역시나 어느 날 담임선생님이 반 친구들 앞에서 제 얘기를 해버렸죠. '아, 또 예전 같은 일이 벌어지면 안 되는데' 걱정했어요. 정말로 그런 일이 벌어졌죠. 친구들이 갑자기 거리를 두더라고요.

반에서 게임 대항전을 하는데 친구가 게임을 하면서 욕을 하길래 제가 욕 좀 그만하라고 했어요. "네가 뭔데 이래라저래라 하냐" 말싸움이 오가다가 결국 걔가 "넌 불법체류자니까 꺼져"라고 하더라고요. 제가 억울한 일이 있어서 말을 하면 꼭 "너희 나라로 꺼져, 불법체류자가" 하는 말로 끝나버려요. 그러면 할 말이 없죠.

보통 친구들끼리 무리를 지어서 놀잖아요? 같은 반에서도 잘나가는 애들끼리 논다거나 어렸을 때부터 친했던 소꿉친구나 중학교 동창끼리 놀거나. 저는 그런 무리가 없었어요. 그냥 오며가며 만나면 반갑게 인사하고 끝나는 사이. 학교 끝나면 어울려서 노래방도 가고 그러는데 저는 가지 않았어요. 저도 물론 가고 싶죠. 그런데 저랑 같이 있으면 하도 관심을 받으니까 시선 때문에 불편해하는 친구들이 많았어요. 저를 도와주는 몇몇 친구들이 사람들이 쳐다보면 저 대신 화를 내주기도 했고요. 뭐 구경하냐고.

고등학교 3학년 때 친구들이 계곡으로 놀러간대요. 나도 같이 가자고 하니까 흔쾌히 그러자고 하지를 않아요. 나중에 하는 말이 "페버야, 네가 싫어서 그런 게 아니라 너랑 같이 가면 불편해하는 친구가 있지 않을까?"라고 하는 거예요. 그 말을 듣자마자 또 할 말이 없더라고요. 저도 알아요, 그게 어떤 느낌인지. 사람들이 쳐다보는 것, 구경하는 것. 그 말 듣자마자 알겠다고 했죠. 저도 백인이나 흑인이 옆에 있으면 쳐다보거든요? 그런데 사람들이 저를 보는 건 길 가다가 외국인 있다고 쳐다보는 그런 종류가 아니에요. 저는 소문이 나서, 안 좋은 쪽으로 보는 시선이에요.

흑인이고 식구가 많다고 불쌍한가요?

영화 보면 이주민들이 대체로 '사장님, 월급 주세요' 하는 가난한 사람으로 나오잖아요. 미등록 이주민, 중국 동포 이런 사람들은 다 나쁜 짓 하고요. 현실은 달라요. 제가 주변에서 보면 미등록 노동자 고용한 사장님들이 체류자격 없는 걸 이용해서 일단 여권을 뺏어요. 임금을 안 주거나 때리거나 나쁘게 대해놓고 '너희 나라로 가, 신고한다' 하고 협박하는 게 진짜 현실이에요.

저도 부당한 일을 당한 적이 있어요. 다행히 저를 때리지는 않았는데, 최저임금도 못 받았어요. 항의해도 소용없어요. 처음 실습 나갔을 때는 한달을 일했는데 월급을 안 주더라고요. 부당하니까 저도 항의를 했단 말이에요. 결국 몇십만원은 떼였죠. 제가 잡혔던 그 공장에서도 두달간 일했는데 월급에서 일정 금액을 떼고 주더라고요. 세금 떼고, 비자가 없으면 4대보험 가입이 안 되는데 4대보험도 떼였어요.

엄마는 여자라서 확실히 부당한 대우가 더 심한 것 같아요. 엄마 일하는 데서 전 직원이 월급을 못 받은 적이 있어요. 문제가 생겨서 경찰을 불렀어요. 다른 데 같았으면 오자마자 외국인 신분증 검사를 하는데, 그때는 엄마가 도망을 안 가고 당당히 얘기했더니 다행히 경찰이 좋은 분들이어서 밀린 두세달 월급을 받을 수 있게 도와주셨어요. 이건 사장님이 잘못한 거라면서 외국인들 월급 주라고. 엄마가 체류자격이 없었지만 그건 지금 문제가 아니라고 하면서요.

누나도 동생도 많이 힘들어해요. 본인들은 열심히 사는데 능력이 돼도 자격이 안 되니 서럽죠. 친구들은 시험도 보고 미래 이야기도 많이 하는데 자기는 못하니까요. 제가 봤을 때 동생들도 또래에 비해 성숙한 것 같아요. 애초에 우리 집 자식들은 사춘기가 없는 것 같아요. 어릴 때는 왜 우리 가족만 이렇게 힘들까 원망도 했는데 알고 보니 저희만 힘든 게 아니고 세상 모든 사람이 다 힘들더라고요. 우리 가족은 엄마가 힘들 때는 우리가 도와주고 우리가 힘들 때는 엄마가 도와주고, 서로 이해하니까 괜찮아요.

저희 오남매와 엄마가 지나가면 사람들이 "아이고, 쯧쯧쯧" 하면서 불쌍하게 쳐다보는 경우가 많았어요. 흑인이고 식구가 많을 뿐인데 왜 힘들게 살았을 거라고 생각을 하고 아련하게 쳐다보죠? 당연히 전제를 해버리는 게 저는 싫었어요. 어디를 가든 동물원 원숭이 보듯이 해요. 저희가 사는 동네에 외국인이 많이 없다보니까 흑인 하면 우리잖아요. 어쩔 수 없이 주목을 받아요. 바로 앞에서 삿대질하는 경우도 있고요. 고등학생 때는 버스 뒷자리에서 아줌마들이 저 다 들리게 제 얘기를 하더라고요. 버스에 탄 사람들도 다 저를 쳐다보고 있고요. 도무지 이해가 안 됐죠.

제가 솔직한 성격이어서 차별을 당했을 때 확실히 말하는 편이에요. 친구들이 보는 흑인은 그냥 뭉뚱그려 하나의 흑인이에요. 아시아인도 다 다르잖아요? 한국인, 중국인, 일본인, 태국인… 그런데 보통 친구들은 흑인은 다 똑같은 사람이라고 일반화시켜버리더라고요. 아니다, 누구나 다 다르다고 말해줘요. 그런 게 상당히 힘들었어요.

또 하나가 한국 애들은 이상하게 편견이 있어요. 흑인은 노래를 잘한다, 소울이 좋다, 근육이 좋다, 키가 크다, 그런 힙합적인 것을 생각하더라고요. 저에게도 그런 줄 알고 다가오는 친구들이 있어요. 제가 그 친구들에게 잘해줘도 친구들은 내가 그렇지 않다는 걸 알자마자 떠나더라고요. 자기들이 생각한 사람이 아니었던 거죠.

1650명 탄원서 제출로 석방

2017년 5월 17일자 『동아일보』에 '그림자 아이들' 보도 후 시민 1650명이 탄원서를 제출해서 6월에 극적으로 석방됐어요. 석방됐을 때 기쁘기도 했지만 한편으로는 제 사연이 알려진다는 것에 대한 걱정이 더 컸어요. 인터뷰할 때만 해도 이름은 가명으로 하고 사진도 안 나온다고 하고 취재했거든요. 보호소에서 누나랑 통화하는데 "페버야, 놀라지 마. 페버라고 실명으로 크게 나갔고, 가족사진도 나갔어"라고 하더라고요. 변호사님이 탄원서 제출용으로 편지를 쓰라고 했거든요? 그것도 신문에 실린 거예요. '아, 뒷감당을 어떡하지?' 하는 생각이 들었어요.

사실 교회 분들도 저희 가족이 사정이 있다는 건 알아

도 자세히는 몰랐거든요. 그런데 교회에도 그 신문 기사를 붙여놨다는 거예요. 탄원서 받으려고 그랬던 모양이에요. 동네 교회에서 천명 정도 모아줬고요. 예전에 다녔던 서울의 교회 분들, 라이언스클럽이라고 저희 도와주고 있는 봉사단체 분들, 고등학교 때 몇몇 친구, 학교 봉사단체에서도 탄원서를 모아줬어요.

법무부를 상대로 강제퇴거와 보호명령 취소 소송 준비하면서도 저는 괜찮았어요. 걱정 안 하고 제 할 일 했어요. 저는 침착하게 대처하려고 하는데 오히려 주변에서 계속 들춰내서 일을 더 복잡하게 만든다든지 제 마음을 동요시키는 것들이 가장 힘들었어요. 참 아이러니했죠. 제가 안절부절못하고 있으면 주변에서 "페버야, 이러면 안 돼"하면서 잡아줘야 하는데 상황이 반대였어요. 다들 걱정이 과했다고 할까요. 그냥 지켜봐주는 게 제일 큰 힘이 되는데, 뭔가 도와주려고 할 때마다 더 힘들어지더라고요. 그래서 사람들을 잘 안 만났어요.

합법체류, 학교 과제도 이메일로 보낼 수 있죠

철이 일찍 들었어요. 어릴 때부터 우리는 다르다, 한국에 살면 안 되는데 살고 있다, 누군가 알면 신고한다, 추방될 수도 있다, 문제 생기면 안 된다, 이런 얘기를 수없이 들었으니까요. 어린 나이에 많은 걸 알 수밖에 없어요. 특히 엄마가 한국말을 못하니까 각종 서류 작업, 행정, 은행 업무, 집 계약 같은 일은 누나랑 제가 도맡았어요. 엄마가 무슨 일을 하든 전화가 와서 누나와 제가 통역을 하고. 어른들끼리 하는 이야기를 다 들을 수밖에 없었죠. 생계를 꾸리는 방법 등 모든 걸 다 알아야 했어요. 하기 싫어도 가족을 위해서 어쩔 수 없이 하는 게 많았어요. 안 하면 살 수 없기 때문에.

누나는 항상 엄마 대리였어요. 초등학생 때부터 누나가 요리했어요. 누나를 보면서 내가 장남으로서 아빠 역할을 해야 한다는 부담이 있었죠. 엄마를 원망한 적은 없어요. 우리 처지를 알고 충격을 받은 적도 있지만 사실 여자 혼자 애 다섯을 키우는 게 힘들잖아요. 엄마가 고생하는 것도 직접 봐서 다 알고요. 가족 각자가 얼마나 힘든지, 그렇기에 서로에게 가족이 얼마나 힘이 되는지 잘 알고 있어요.

저는 어릴 때 축구선수가 꿈이었어요. 사람들이 해외로 연수를 갈 수도 있다고 하고, 저를 스카우트하려는 분도 있었어요. 그런데 해외로 나가려면 신분증이 있어야 해요. 뭘 해도 신분증이 필요하다는 걸 알게 되면서 포기했어요. 안 되는 걸 아니까요. 제가 키가 크니까 어디를 가나 키 얘기를 해요. 너는 왜 운동 안 하냐, 농구 안 했냐, 할 생각 없냐. 저는 그냥 싫다, 힘들다, 관심 없다고 했지만 사실은 무척 하고 싶었죠.

중학생 때 수학여행을 청와대로 갔는데 저는 신분증이 없어서 못 들어갔어요. 저만 버스에 남아서 기다렸어요. 고등학생 때 자격증 시험을 보는데 처음에는 안 된다고 했어요. 다행히 비자 없어도 볼 수 있는 시험이 있더라고요. 자격증을 딸 수 있어서 참 다행이었죠.

비자가 생기고 확실히 편해졌어요. 가장 큰 게 은행 업무예요. 은행 거래할 때 실수로 입금 잘못해서 돌려받는 데도 비자가 필요하더라고요. 엄마가 저한테 돈을 잘못 보내서 돌려받는데 3일이 걸렸어요. 비자가 있는데 3일이 걸렸으니 비자가 없었으면 영영 못 받았겠다 싶어요. 인터넷 사이트 회원 가입도 그래요. 학교에서 수업 과제를 이메일로 보내라고 하잖아요. 이메일을 만들려면 본인인증을 해야 하거든요. 이제는 본인인증도 할 수 있어요. 운전면허도 따고요.

제가 승소하고 나니까 주변에서 다 똑같이 말해요. '네가 어떻게 이 자리에 있게 되었는지 잊지 마라' '네 가족과 배경을 생각하면서 살아라' 보는 사람마다 그래요. 보통은 하고 싶은 걸 못하다가 할 수 있게 되면 폭주할 수 있잖아요? 잘못된 길로 가기가 쉽죠. 이제 나도 합법적 신분이 됐으니까 친구들 따라서 마음대로 술집이나 클럽을 갈 수도 있겠죠. 저는 취미가 교회 가서 드럼 치는 거예요. 그걸로 스트레스를 풀었어요.

연애상담은 페버에게

대학은 기계과를 들어갔어요. 대학에 다니면서 자격증 따고 스펙 쌓아서 졸업하면 적당히 좋은 회사 다니자, 그런 생각 안 해요. 이번 기회에 제대로, 정말 제대로 하자, 열심히 하자 다짐하죠. 일단 기계과는 용접을 잘해야 돼요. 저는 고등학교에서 용접도 배웠고, 다른 사람들보다 한국말도 잘하기 때문에 솔직히 수업이 쉬웠어요. 반에서 계속 1등 했어요. 한국인 반은 친구들끼리 서로 정보를 나누고 도와주는데 저는 외국인 반이니까 스스로 해야죠.

외국인 반은 체육대회도 없고, 동아리도 없어요. 어느 날 수업을 갔는데 알고 보니까 그날이 우리 학교 체육대회였더라고요. 외국인 반은 체육대회 날에도 평소처럼 수업하고 집에 가요. 학교에서도 외국인들을 참여하게 하려고 했는데, 솔직히 외국인 학생들 중 상당수가 아르바이트해서 생활비 벌고 가족한테 돈 보내야 하니까 다들 학교 끝나면 바로 아르바이트를 하러 가요.

제가 연애상담을 잘하거든요. 대학에서도 몇번 했어요. 저희 나이대가 한창 이성에 관심이 많을 때잖아요. 교회에서 친한 사람들이 '페버야, 내가 너랑 친한 누구 누나 좋아하는데' 이러면서 상담을 해와요. 한번은 왜 나한테 상담을 하느냐고 물어봤어요. 그랬더니 사람들마다 하는 말이 제가 솔직하게 말하는 편이래요. 그리고 형식적인 답변이 아니라 정말 자기를 생각해서 말해주는 느낌이 든대요.

저는 남이 하는 얘기를 절대 흘려듣지 않아요. 사실 누가 상담을 하는 이유는 도움이 필요해서잖아요. 그걸 가볍게 생각할 순 없죠. 반대로 제가 도움이 필요했을 때 다른 사람들이 가볍게 여겼으면 지금의 저는 없다고 생각해요. 그래서 사람에 대해 진지한 마음을 갖게 됐어요. 또 다른 사람들이 사는 얘기 듣는 것도 좋아해요. 집에서는 주로 우리 얘기만 하지 다른 사람들 얘기 들을 일이 잘 없잖아요.

왜 당신은 한국에 살고 있나요?

취업비자를 받으려면 시험을 봐야 하는데 이번에 그 시험에 합격했어요. 저는 이제 준비가 됐어요. 회사에서 서류 준비해서 제출하면 출입국·외국인사무소에서 취업비자로 바꿔줘요. 제가 갖고 있는 취업비자는 1년에 한번씩 갱신해야 해요. 제 목표는 계속 외국인으로 사는 게 아니에요. 출입국에서도 했던 말이, 5년 이상 체류하면 귀화 시험도 볼 수 있대요. 2년 전에 비자 얻었으니까 3년 남았어요. 3년 동안 일한 뒤에 귀화나 영주권 비자를 신청하려고요. 그런 사례가 있대요. 방글라데시 남매도 저처럼, 남동생이 한국에서 태어나서 자랐대요. 자격이 없는 상태였는데 대학도 합격하고 한국어능력시험도 보고요. 법무부랑 이야기해서 비자를 받았고 한국에서 살고 있다고 알아요.

제가 처음 법무부에 탄원서 제출했을 때 거절을 당했거든요. 거절 이유 중 하나가 제가 이 나라에 있는 게 폐를 끼치는 것이라고 돼 있었어요. 불법체류자이기 때문에 나라에 이득이 없대요. 그런데 저에 대한 기사가 나오고 시끄러워지니까 그제야 받아주었어요. 미등록 시절에는 나를 한국에 폐 끼치는 존재로 규정하다가, 비자가 나오고 합법이 되고 나니까 학교에서 제일 잘한다고 말해요. 그때는 왜 그랬을까? 지금도 이해가 안 돼요. 제가 비자가 생긴 뒤로 학교에서 상도 받고, 장학금도 타고, 아르바이트도 하고 문제없이 계속 지냈거든요. 그러니까 한국에 도움이 된다고 생각한 걸까요?

지난 7월에 막내 생일이어서 가족이 다 함께 외식하고 카페에서 빙수 먹으면서 이야기했어요. 막내가 지금 중학교 1학년이거든요. 그날 정말 좋았어요. 지금은 가족이 제일 걱정이에요. 누나랑 동생들도 한국에서 태어나 자랐어요. 저랑 조건은 똑같은데 저는 일하다 잡혀서 강제퇴거명령을 받고 소송을 해 승소한 경우고, 누나와 동생들은 아직 미등록 상태예요. 제 여동생이 3개월 후면 고등학교 졸업하고 성인이 돼요. 그 여동생이 지금 많이 힘들어하고 있어요. 어떻게 될지 모르겠어요. 시민단체 분들이랑 변호사님과도 이야기하고는 있지만 쉽지 않은 상황이죠. 영국에서는 미등록 아동이 10년 이상 살면 체류자격을 준다고 하던데…

저의 솔직한 생각은 이래요. 어떤 사람이 죄를 지었으면 죗값을 치러야죠. 다만 부모가 그렇게 됐다고 해서 자식들에게 기회조차 주지 않는 건 좀 아니지 않나 싶어요. 저는 성실하게 살았지만, 물론 저와 같은 상황에서 어차피 이렇게 된 거 막 살아야겠다 하고 정말로 못되게 살고 있는 아이들도 있을 수 있어요. 만약 비자 줬는데 문제를 일으켰다면 그때 그에 따른 처벌을 하면 되잖아요.

지금은 아예 기회조차 주지 않고 너희 부모가 불법을 저질렀으니까 너도 범죄자다, 해버리는 거니까요. 미등록 아동들을 죄인이라고 전제하죠. 저는 어제도 오늘도 똑같이 학교에 갔을 뿐이거든요. 그사이에 아빠가 본국으로 떠나니까 다음 날 갑자기 '불법체류자'가 된 거예요. 잘못한 게 없고 하루아침에 외부 상황이 변했을 뿐인데 아이가 죄인이 돼요. 저도 '난 죄인이구나' 생각했어요. 주변에서 '너는 불법체류자니까 잘못한 거야, 범죄자야'라고 이야기해서 힘들었어요. 내 존재 자체가 불법이다…

왜 한국에서 계속 살고 싶으냐고 묻는 사람이 있어요. 저는 이 질문을 한 사람에게 그대로 되돌려주고 싶어요. 그럼 왜 당신은 한국에 살고 계시나요? 똑같아요. 저는 이곳에서 태어나 자랐어요. 그러니까 여기에 사는 거죠. 만약에 제가 나이지리아에서 태어나 자랐으면 아마도 거기 살지 않았을까요? 꼭 특별한 이유가 있어야 하는 건 아니잖아요?

한국도 이들이
필요해요

—

이탁건

변호사

이탁건

변호사

재단법인 동천 소속 변호사. 난민·이주민을 담당하고 있다. 페버의 강제퇴거명
령 취소를 끌어냈고 마리나 등 이주아동의 합법적 체류를 위해 힘쓰고 있다.

이주아동들이 잘 자라기 위해서 필요한 것

이주아동은 외국 국적이거나 외국 국적의 부모 아래서 태어난 아동을 말하는데 2018년 기준 대략 15만명, 그중 미등록 아동은 약 2만명 정도로 추산합니다. 이주아동들이 겪는 어려움은 아이들마다 다르지만, 가까이서 본 고등학생 정도 된 미등록 상태의 아동들은 미래를 설계할 수 없다는 게 가장 큰 고민이에요.

아이들은 한국말을 완벽하게 하는데 부모들은 한국말을 못하고 국적국의 언어를 해요. 초등학생만 돼도 아이들이 사실상 부모의 통역 역할을 해야 하죠. 자녀가 학교에 다니고 있으면 부모를 강제퇴거할 수 없기 때문에 자녀의 재학증명서를 항상 지갑에 넣고 다니는 사람도 있고요. 심하면 언제 단속에 걸릴지 모르니까 아이를 항상 데리고 다니는 분도 있어요. 단속에 걸리면 "애가 학교 다니고 있어요" 하려는 것이죠. 그런 일들을 겪으면서 아이가 너무 빨리 조숙해지는 거예요. 아이들 입장에서는 자기를 감싸줄 어른이 없다는 느낌을 받아요.

'아이 하나를 키우는 데 마을 전체가 필요하다'라는 말이 있는데, 저도 곁에서나마 아이를 키워보니까 현대사회의 핵가족 양육 제도가 자연스러운 게 아닌 것 같아요. 양

한국도 이들이 필요해요

육이 너무 힘드니까요. 동굴 안에 오순도순 모여서 서로 아이를 봐주는 게 자연스러운 모습인 것 같은데, 다시 동굴 생활로 돌아갈 순 없잖아요? 마을 공동체가 복원되는 것도 긍정적인 방향이겠지만, 아무튼 현대사회의 발전 방향은 양육의 공백을 국가가 채워주는 것이죠.

그런데 이주아동은 자신을 보호해줄 국가가 없어요. 부모가 역할을 못하거나 제도가 미비해도 어쨌든 한국에 사는 아동이면 국가가 나서서 보호해야 하는 시점과 영역이 있는데, 이주아동에게는 그게 작동하지 않는다는 게 가장 큰 문제인 것 같아요.

페버 승소, 내가 아니면 도울 사람 없다는 마음으로

이주 관련해서 변론을 받으러 오시는 분들이 주로 이 사회의 끝자락에 있는 분들, 자력으로는 변호사를 선임할 수 없는 분들이에요. 어차피 소송 단계면 이길 가능성이 높지 않은 경우가 대부분이고요. 특히 이런 외국인 관련 소송은 법원도 정부의 손을 들어주기 마련이거든요. 저는 일하면서 '여기가 마지노선이다' '내가 아니면 이분들을 도울 사람이 없다'라는 생각을 하죠. 어차피 질 것 같고 마땅한 논리가 없다 해도 이분들을 위한 논리를 어떻게든 마련해서 변론을 하는 게 중요해요.

페버씨의 경우 다른 변호사님이 무료 변론을 맡았어요. 그분은 일반 변호사신데 어쩌다 사건을 맡게 되셨고, 뒤늦게 이주 전문 변호사를 수소문해서 저를 찾아온 거예요. 질 것 같다고. 그분도 최선을 다했는데 법원에 출석하니까 판사가 '그래, 사정이 안타까운 건 알겠는데 법이 이런 걸 어쩌란 말이냐'라고 하더래요. 판사가 그렇게까지 말했으면 변호사 입장에서는 '이건 끝났구나'라고 생각하기 마련이죠. 패소를 직감하고 어떻게든 끝까지 방법을 구하려고 저를 찾아오신 거였어요.

페버씨 건은 제가 지금까지 한 소송 중에 가장 열심히 했어요. 법무부 주장은 이랬어요. 체류자격이 없는데 어쩌란 말이냐, 출입국관리법 위반했으니까 강제퇴거해야 한다, 불법체류 기간이 매우 길다, 불법성이 가중되었다, 지금까지 퇴거 안 된 걸 봐서 적극적으로 출입국관리사무소를 기만하고 숨어다닌 것이다. 처음 담당한 변호사님이 난민·이주 쪽을 잘 몰라서 그에 대해 적극적으로 반박을 안 했어요.

제가 재판에 들어가서 법무부 지침으로도 고등학교 때까지 체류할 수 있게 해주고 거기에 따라서 체류한 것이다,

87   한국도 이들이 필요해요

도망다녔다는 것은 말도 안 된다고 했죠. 그랬더니 법원에서 '그래 그건 맞다, 그러나 여태껏 살게 해줬는데 이제 와서 체류권까지 달라고 하는 것은 적반하장이다'라고 하더라고요. 소송이 끝나고 나서 제가 다른 곳에서 영어로 발표하느라 적반하장이 무슨 뜻인지 검색해보니까, 도둑이 도리어 주인을 때린다는 뜻이더라고요. 갑자기 화가 났죠. 아무튼 법무부가 미등록 이주아동을 강제퇴거하는 가장 큰 논리는 결국 장기간 불법체류를 했다는 거예요.

제가 봐도 우리 쪽 논리가 궁색하니까, 해외 판례나 국제법적 논리를 나름 열심히 공부했어요. 심지어 독일 판례, 네덜란드 지방법원 판례까지 구글 번역기 돌려가며 찾아보고 논리를 만들었죠. 제가 국제법 해외 사례를 찾아서 들먹이기는 했는데, 그보다는 페버씨가 법정에서 직접 진술한 것이 승소에 유리하게 작용한 것 같아요. 판사도 사람이잖아요. 법적 논리로 정밀하게 페버씨의 체류를 정당화하는 근거가 만들어지지는 않았지만, 어쨌든 평생 한국에서 살아왔는데 이렇게 내쫓는다는 게 부당한 게 아닌가 하는 심증을 갖고 그 심증을 뒷받침하기 위한 판결문을 판사가 썼다고 생각해요. 제가 든 해외 사례나 국적법 논리는 판사에게 '그래, 내가 이런 생각을 하는 게 아주 이상한 건 아니구나'라고 위안시켜주는 정도의 역할을 하지 않았나. 최종적으로 좋은 결과가 나왔어요. 변호사 업무에서 가장 중요한 덕목은 포기하지 않는 것 같아요.

동천 입사 초기에 어느 회의 자리에서 다른 이주인권활동가와 얘기할 기회가 있었는데 그분이 "몇년 이상 체류했으면 체류자격을 줘야 되는 거 아닙니까?"라고 하셨어요. 당시의 저는 그 말이 너무 급진적이라고 생각했었어요. 법체계가 있는데 일률적으로 면제해주는 게 말이 되나? 페버씨 사건도 시작할 때는 별생각이 없었는데 진행하면서 비로소 생각이 바뀌었어요.

법 위반 사실이 아동들 본인의 잘못이 아닌데, 이 친구들에게 책임이 부과되는 건 부당하잖아요. 그래서 좁게 보면 최소한 아동들은 체류자격을 갖게 해주고, 넓게 보면 미등록 상태로 있는 성인들도 경우에 따라서는 체류자격을 줄 수도 있겠다, 무작정 불법체류자라고 강제퇴거시키면 안 된다는 생각을 했죠. 가까이서 구체적인 사례를 접하면서 생각이 바뀐 측면도 있고, 해외 사례를 보면서 바뀐 것 같기도 해요.

이주민에게 체류자격을 주는 게 그렇게 급진적인 주장이 아니고 충분히 사회가 추진할 수 있는 제도거든요. 실제로 남유럽 쪽에서는 아예 소위 '면제' 프로그램을 정기적으로 진행하기도 했어요. '오늘부터 신청하는 사람들에게는

한국도 이들이 필요해요

전부 체류자격을 줍니다' 하는 식의 대대적인 양성화 프로그램을 가동하는 거예요. 그렇지 않더라도 대부분 선진국들은 장기간 체류했으면 일정 경우에 심사를 통해서 자격을 줘요. 이주민은 늘어나는데 다 쫓아낼 수도 없고, 그래야 할 이유도 없으니까요. 특히 아동의 경우, 한국을 제외한 많은 선진국들이 심사를 통해 체류자격을 부여합니다. (2021년 법무부 결정 이전에는) 한국은 심사 기회도 없이 일률적으로 강제퇴거명령을 내린다는 것이 문제고요.

미등록 18년 살았다는 건,
한국사회도 이들이 필요하다는 뜻

"체류자격을 한번 허용해주면 다 우리나라에 와서 애를 낳을 거다" "인구가 넘칠 거다" 이주민에게 체류자격을 줘야 한다고 하면 반대하는 근거로 이런 것을 대잖아요. 그런데 한국은 이제 인구가 넘친다는 얘기는 못하는 상황이 됐죠. 미국은 '앵커 베이비'(anchor baby)라고 아이를 닻으로 사용해서 온 가족을 끌어들인다는 말이 있어요. 소위 불법체류자들이 와서 아이를 낳고, 이모도 오고 삼촌도 오고 할머니도 온다. 이걸 좀 고상한 말로 '체인 마이그레이션'(chain migration)이라고 해요. 연쇄적으로 이주민이 늘어난다는 비판적인 담론이죠. 물론 그런 우려도 충분히 가능해요. 부작용이 절대 없다고는 할 수 없지만 제도를 설계하기 나름 같아요.

특히 고등학교 때까지 미등록으로 산 아이들에게 체류 자격을 부여하게 되면, 부모들이 한국에 살기 위해 아이를 낳을 것이라고 주장을 하는데요. 그건 부모 입장에서 보면 정말 과도한 수단이에요. 한국에서 미등록 상태로 18년을 사는 게 결코 쉬운 일이 아니에요. 그럼에도 근 20년을 살고 있다는 것은 한국도 이 사람들을 필요로 했기 때문인 거죠. 이러한 배경을 생략한 채 '불법체류자'들이 와서 계속 살기 위해 애를 낳을 것이라는 주장은 지나치다고 생각해요.

외국인 중 전문직 기술 종사자는 비자 형태가 달라요. 가족과 함께 생활하는 것을 당연한 것으로 인정하고 가족까지 동반 비자를 주죠. 반면 단순노무직 이주자는 가족 동반을 금지해요. 이런 이주노동자들은 고용허가제를 통해 들어온 노동자들이고 상당수는 중국 동포들이죠. 나머지는 주로 한국이 협약을 체결한 동남아시아나 중앙아시아 국가 출신들이고요. 이들에 대해서는 애초에 정주를 막는 방식으로 제도가 설계되어 있어요. 한국에서 일하다 다시 돌아가게 하기 위해서 가족 동반을 금지시킨 거예요.

한국도 이들이 필요해요

지금은 고용허가제하에서 거주할 수 있는 기간이 길어졌어요. 9년 10개월까지 가능해요. 숙련된 노동자들이 3년 지나면 다시 돌아가야 하니까 일을 시키는 입장에서 너무 힘든 거예요. 연장할 수 있게 해달라는 현장의 요구 때문에 9년까지 늘어났어요. 그런데 9년 동안 배우자, 자식들과 떨어져 살라는 게 사실 가혹한 요구죠. 가족과 함께 살고 싶은 게 인간의 당연한 욕구잖아요. 인간의 본성을 무시한 제도 설계가 아닌가 싶어요. 그러다보니 한국에서 새롭게 가정을 이뤄 산다거나, 배우자와 자식들을 몰래 데려와서 사는 경우가 점점 늘어나고 있어요. 이렇게 단순노무직의 경우 가족 동반 입국을 금지하는 국가가 없는 건 아닌데 한국이 특히 엄격한 것 같아요.

이주아동 당사자들이 목소리 내야

전세계적으로 이주민이나 이주노동자가 증가하고 있는 추세예요. 세계 경제가 점점 통합되면서 본인과 자식들의 더 나은 인생을 위해 이주를 선택하는 경우가 많아지는 것 같아요. 제가 미등록 아동과 관련해서 만난 부모들은 정말로 아이를 사랑하고, 아이를 위해 많은 부분을 희생하는 것이

느껴져요. 본국에 돌아가서 제대로 된 직장을 구할 수 없기 때문에 사는 경우도 있지만, 아이의 교육이나 생활의 연속성을 위해 조금만 더 참자, 하고 사는 경우도 많이 봤거든요. 한국 중산층 부모와 비교할 정도는 아니지만, 그래도 한국 공교육을 이수하면 본국에서 자라는 것보다는 나을 것이라 기대하고 내가 하루하루 일하며 사는 것이 아이를 위한 길이라고 생각하시는 것 같아요. 미국으로 간 한국인 이주민들도 그런 마음 아니었을까요?

한국인 이주아동 박진규씨 사례를 소개해드리고 싶어요. 박진규씨는 미국에 거주하는 미등록 아동이었는데, 오바마 행정부에서 미성년 불법체류자 추방 유예 제도(DACA)*를 도입하면서 고등학생 때 대상자가 되었고 덕분에 하버드대학에 입학했어요. 대학 재학 중에 로즈장학생으로 선발되었고 졸업 후 영국 옥스퍼드대학에 유학을 갈 수 있게 됐죠. 그런데 트럼프 행정부에서 DACA를 폐지하면서 유학을 마친 이후에 자신이 미국에 돌아오지 못할

---

* 다카(Deferred Action for Childhood Arrivals, DACA) 또는 미성년 입국자 추방 유예는 불법체류자 신분으로 미국 내에 들어오거나 남아 있는 미성년자의 국외추방을 유예하는 미국 이민법 제도이다. 이 제도의 대상자들은 국외추방이 2년간 유예되며 합법적으로 직업을 구할 수 있는 자격이 생긴다. 2012년 6월 오바마 행정부에서 도입했으나, 2017년 9월 트럼프 행정부에 의해 폐지되었다. 바이든 행정부는 취임 후 DACA를 전면 재개하고 강화하는 행정명령에 서명했고, 미등록 이주아동(드리머)에게 시민권을 부여하는 이민법이 2021년 3월 하원을 통과했다.

한국도 이들이 필요해요

지도 모르는 상황이 되자 이를 『뉴욕 타임스』 등에 알리면서 이슈가 됐어요. 박진규씨 개별 사례뿐 아니라 드리머(Dreamer)라 불리는 미국의 이주아동 세대를 보면서 이런 생각이 들었어요. 미국에서도 결국은 이주아동 당사자들이 직접 나서기 시작하면서 DACA도 도입이 되고 사회적 의제가 됐거든요. 한국도 결국은 그렇게 나아가야 된다, 즉 당사자들이 한 세대를 이루어서 스스로 목소리를 내야 하고, 더 나아가서는 저 같은 사람이 아니라 이 친구들의 또래, 같이 공부하고 어울렸던 같은 세대들이 함께 목소리를 내야 정말로 제도가 본질적으로 바뀔 수 있겠다.

물론 우리나라는 사정이 좀 다르죠. 미국은 역사적으로 '우리도 이민자다'라는 최소한의 공감대가 있어요. 일부 도시는 절반이 이주민이고요. 이 정도 되면 한 가정 내에서도 미등록과 등록이 섞여 있고 당사자가 목소리를 내는 것이 두렵지 않을 수가 있는데, 한국은 그러기에는 아직 이민자가 너무 소수고 국민들 반응도 적대적이죠. 소위 '국민 정서'에 편승해 법 집행은 굉장히 엄격하고요. 미등록 아동들이 목소리를 내기까지는 더 많은 시간이 걸릴 거라고 봐요. 미국보다 훨씬 불리한 조건이죠. 당사자들이 아니더라도 당사자 또래 청년들이 목소리를 내야 하지 않을까? 언젠가 그런 날이 오지 않을까요?

제 기사에 달린 악플도 다 봐요

저희 단체가 매년 열명씩 인턴을 뽑아요. 작년에는 뽑고 보니까 대부분이 서울 강남구에 살고 외국어고등학교를 다닌 서울대·연세대·고려대 출신의 아이들이었어요. 우리는 그냥 호감 가는 사람 뽑은 건데요. 호감이 원초적인 것만은 아니었던 거죠. 그 친구들 개개인은 인권에 관심 있고 난민 인권에 공감하는 좋은 친구들이지만요.

제가 난민반대운동 카페에 정회원으로 가입되어 있어요. 그 카페에서 적극적으로 활동하시는 분들을 보면 일용직 건설노동자나 자영업자 들이 많아요. 이분들은 경제적으로 비교적 안정된 삶을 살아온 사람들이 느끼는 것과 다른 풍경을 보고 있는 거죠.

이런 분들이 갖고 있는 난민과 이주민에 대한 불만이 혐오인 건 맞아요. 그러나 그분들을 혐오세력으로 단순하게 치부하는 것은 난민과 이주민 들을 위해서도 도움이 안 돼요. 그분들이 보는 세상에서는 미등록 체류자들이 건설노동자로 유입되면서 한국인 노동자들의 일감이 줄어드는 것이 엄연한 사실이죠. 외국인들이 집단으로 사는 지역들이 많아지면서 내국인들이 치안에 대한 불안을 느끼고요. 쓰

한국도 이들이 필요해요

레기 아무데나 버리고, 분리수거도 잘 모르고, 담배꽁초 버리고, 그런 경범죄를 많이 저지르는 것도 사실이에요.

그런데 그건 막연한 공포거든요. 불법체류자라는 용어나 그걸 둘러싼 담론이 고정관념 형성에 큰 역할을 해요. '불법체류'라는 말이 애초에 법을 어긴 사람들이라는 이미지가 있어요. 존재 자체가 불법이니까 또다른 불법도 저지를 수 있다고 생각하죠. 영화를 비롯한 대중매체도 부당한 이미지 형성에 기여하지 않았을까요. 그런 생각을 하면서 악플들을 봐요.

물론 극단적인 혐오나 혐오에 기인한 범죄는 처벌해야 해요. 그렇다고 이런 불만을 단순히 혐오로 치부하기만 해서도 안 되겠죠. 정부 차원에서 계속 교육을 해야 해요. 어울려 살 수 있는, 더불어 살 수 있는 교육을 어릴 때부터 좀 더 강화해야 한다고 봅니다.

'가장 어려운 사람을 어떻게 대하는지가 국가의 인권을 측정하는 지표다'라고들 하잖아요. 미등록 이주민들을 그냥 미등록으로 두면 사회 전체에 무슨 이득이 될까요. 이를테면 코로나19를 봐도, 외국인은 코로나19에 감염이 안 되나요? 아니죠. 의료권에 있어서도 모두가 병원에 가고 치료를 받을 수 있어야 우리의 보건도 보호가 돼요. 교육도 그래요. 외국인들이 교육 안 받고 학교 밖에서 몰려다니면 공

공교육이나 공공안전에 무슨 도움이 되겠어요. 이 친구들도 학교 다니며 같이 어울려 사는 게 한국사회 자체를 위해서도 이득이에요. 그런데 제가 이렇게 말하면 어떤 사람들은 그래요. "쫓아내면 되지."

대학 가면 학생운동을 해야지

저희 집안이 그리 넉넉하지는 않았지만 아버지가 공무원이어서 중산층 자식으로 살아왔어요. 중학교를 외국에서 다녔고 고등학교 1학년 때 한국에 왔어요. 정말 내밀한 속사정까지 나눈 친구는 고등학교 와서 처음 사귀었죠. 고등학교 2학년 때 짝꿍이던 친구가 자기는 집안 사정이 어려워서 학원을 가고 싶은데 못 가고, 집도 작은 방 하나에 동생이랑 같이 잔다는 얘기를 하더라고요. 그때 알게 됐죠. 돈이라는 것이 인간의 많은 부분을 좌우하는구나, 나는 이 친구에 비해 정말 풍족하게 살아왔구나, 내가 이 친구보다 특별히 잘난 게 없는데 이런 대우를 받는다는 게 좀 부끄럽다는 생각이 들었어요. 그때 결심했죠. 나는 대학에 가서 학생운동을 해야겠다!

1999년에 대학생이 되고 학생운동을 하면서도 대단한

한국도 이들이 필요해요

미래를 꿈꾼 건 아니에요. 다만 '이런 일'을 계속하며 살고 싶다고 생각했어요. 그 꿈을 구체화한 게 변호사예요. 변호사가 돼서 참여연대나 민주노동당에서 일해야겠다. 그래서 2003년에 법대로 다시 진학했고 군대 제대 후 뒤늦게 로스쿨을 갔어요.

로스쿨 졸업 후에는 대기업 법무팀에서 일했어요. 그곳에서 일련의 일들을 겪으면서 어느 날 '내가 지금 누구를 위해서 일하고 있는가' 하는 회의가 들더라고요. 마침 법무법인(유한) 태평양이 지원하는 재단법인 동천에서 공고가 났길래 지원했어요. 저의 옛날 꿈도 인권변호사였으니까. 입사시험 때 면접관들한테 말했어요. "현재 아내가 임신 중인데, 몇년 뒤에 아이가 '아빠 오늘 뭐 했어?' 물어봤을 때, 최소한 아빠 오늘 무슨 일 했다고 말할 수 있는 사람이 되고 싶다. 지금 직장을 계속 다니면 왜 그런 걸 묻느냐고 아이에게 화를 낼 것 같다."

2015년 12월부터 난민·이주민을 담당하기 시작했어요. 처음 미등록 이주아동을 만난 건 우연한 기회였는데, 동천에서 봉사 활동 일환으로 재한몽골학교 학생들과 걷기대회 겸 멘토링을 했어요. 변호사 한명에 학생 한명씩 짝지어 남한산성을 산책하는 거예요. 저랑 같이 걸은 친구가 고등학교 2학년이었는데 한국말도 유창하고 반장도 하는 똑똑한 친구였어요. "변호사님 만나면 꼭 물어보고 싶었어요. 엄마 아빠가 유학생으로 와서 비자 없는 상태에서 저를 키우고 있거든요. 한국에서 대학을 못 가기 때문에 미국으로 대학을 가려고 토플 공부를 하는데 영어를 못해서 너무 힘들어요. 저는 한국이 좋은데 왜 한국에서 살지 못하는지 잘 모르겠어요." 이런 얘기를 하더라고요.

저는 이직한 지 얼마 안 돼서 어리바리했죠. 그 자리에서 "왜 한국에서 대학 못 가요? 한국말 잘하는데?" 이러고 나중에라도 찾아보고 도움을 주겠다고 했어요. 아는 단체 활동가와 학교 교감 선생님한테도 물어봤더니 돕고 싶은 마음은 알겠는데 헛된 희망 주지 말라고 하더라고요. 그후로 몽골 학생과 연락을 더 주고받은 건 아니지만 아마 계획대로 미국에 가지 않았을까 싶어요.

청소년 시절 외국서 이주아동으로, 감수성 도움

저도 4년 정도 외국에서 살았어요. 대만에서 1년, 프랑스에서 3년. 그 나라에서 외국인 학교를 다니면서 영어를 배웠죠. 영어는 한마디도 못하고 갑자기 낯선 환경에 적응까지 하려니 처음에는 꽤 힘들었어요. 왕따도 당하고 싸우기

한국도 이들이 필요해요

도 했어요. 프랑스에 갔을 때 제가 중학교 2학년이었는데 여자로 오해받을 정도로 여리여리했거든요. 그때 미국 애들은 면도하고 있는데 저는 아직 변성기도 안 온 상태였으니 놀리기 쉬운 상대였을 것 같아요. 초반에는 놀림과 왕따를 당하다 어느 순간 극복이 됐죠. 싸우다보니까 애들이 점점 안 건드리고 친구도 사귀게 됐어요. 저는 어쩌다보니 외국인 학교에서 한국 애들 그룹에 끼지 않고 레바논-프랑스 이중국적, 네덜란드-미국 이중국적, 브라질 등 굉장히 다양한 국적 애들이랑 어울려 지냈어요. 그게 저의 자아 형성에 도움이 많이 됐죠.

말하자면 이주아동 시기를 보낸 것이긴 하죠. 다만 조심스러운 게 저는 어쨌든 중산층의 가족으로 안정적인 지위였고 부자들이 다니는 학교에서 왕따를 당했으니까 국내 이주아동 사례와 직접 비교하기는 좀 민망하죠. 그래도 최소한 그 시기가 저의 감수성 형성에는 도움이 되었다고 생각해요.

저는 제가 우월적인 지위에 있다는 생각을 안 하려고 노력해요. 최대한 상대의 말을 들어주려 하고 솔직하게 얘기하고 조심하려 노력하죠. 그런데 난민을 돕는 게 쉽지는 않아요 특히 난민 신청을 돕는 것은 많은 경우 사실 판단이 필요하고 그게 좀 힘들어요. '내가 이 일을 왜 하고 있지'라는 생각이 들고요. 악플 읽을 때도 종종 괴로워요.

또 대학 시절 같은 가치를 공유했던 사람들에게 나 이런 일 한다고 얘기를 한단 말이에요. 한국사회 평균을 봤을 때는 진보적 가치관을 가지고 사는 사람들인데도 불구하고 "난민 인정이나 체류권 인정은 좀 너무 나간 것 아니냐?"라고 얘기하는 사람들이 있어요. 내가 하는 일이 다수의 지지를 못 받는다는 생각을 하면 좀 힘이 빠진다고 해야 할까요. 저는 보수적인 인간이기 때문에 항상 다수의 지지를 받고 싶어요. 저에 대한 악플은 웃어넘기는데 난민·이주민 관련한 기사에 악플이 달린 것 보면, 어떻게 지지하는 사람이 한명도 없나 싶어요. 댓글이 국민 여론의 반영은 아니지만 '너무 다수가 싫어하는 걸 내가 하고 있구나' 하는 생각이 들죠.

캘리포니아주 사례, 시간과 규모가 해결한다는 희망

저라고 해서 구체적인 정치적 대안이 있는 건 아니에요. 결국은 시간이 해결해주지 않을까요? 앞으로 외국인 수는 계속 늘어날 테고 막연한 불안과 혐오는 어느 정도 극복이 될 수 있지 않겠나 싶어요. 섞여 살게 되니까요.

한국도 이들이 필요해요

이란 국적 김민혁 학생이 난민으로 인정받은 사례가 있어요. 당시 중학생이었는데 어릴 때부터 한국에서 아빠와 둘이 살다가 이슬람교에서 천주교로 개종을 하면서 종교적 난민을 신청했으나 불인정을 받아서 추방 위기에 처했어요. 이런 사연을 알게 된 학교 친구들이 적극적으로 나서서 학생회에서 성명서를 발표하고 청와대에 국민청원하고 출입국관리사무소 앞에서 집회도 하면서 여론의 관심을 모았어요. 민혁씨가 학생회장도 했어요. 그만큼 친구들과 잘 어울리는 소위 '인싸'였죠. 나와 같이 어울리던 친구가 어느 날 갑자기 이란으로 쫓겨나야 한다는 게 도저히 용납이 안 된다는 순수한 마음으로 시작했다고 봐요. 그런 마음이 소중한 거죠.

이를테면 성소수자 이슈에 관해 한국의 젊은 세대는 최근 10년 사이 굉장히 많이 변화했어요. 서구의 대중문화를 통해서 서구의 담론을 받아들이게 된 것도 크겠죠. 인종 문제도 개그 프로그램에서 '시커먼스' 같은 코너가 버젓이 나오던 때랑, 2020년에 샘 오취리씨를 옹호하는 여론을 비교하면 변화가 확연히 보이죠. 제 친구가 서울대 커뮤니티 '스누라이프' 게시판을 열심히 보는데 의외로 스누라이프에서 오취리씨를 옹호하는 목소리가 컸대요. 평소에는 '일베적' 담론이 대세인 공간인데 오취리씨 문제에 대해서는 안 그렇더라고 하더라고요. 이런 현상은 서울대생들이 교환학생도 많이 가고, 서구 주류 사회의 담론을 받아들이면서 최소한 이러한 수준의 노골적 인종차별은 안 된다는 것을 느낀 거라고 봐요.

캘리포니아 사례를 보면, 과거에는 캘리포니아가 이주민에 대해 굉장히 적대적인 정책을 펼쳤다고 해요. 1960~70년대 멕시코 이주민이 유입되기 시작할 때 제노포비아적 정책이 입안되기도 했었죠. 이런 기조가 바뀐 건 물론 주 정부의 노력도 있지만, 이주민 수가 계속 늘어나고 같이 어울려 살면서 지금 우리가 아는 이주민 친화적인 주로 바뀌게 된 측면도 있거든요. 어느 정도는 시간과 이주민의 규모가 해결해줬다는 분석을 읽고 한국도 결국 이렇게 갈 수 있겠다는 생각을 했어요.

한국도 이들이 필요해요

오늘이 마지막이겠다는
생각이 없어졌어요

—

김민혁

이주아동

김민혁

이주아동

2003년 이란 태생. 사업하는 아버지를 따라 2010년 한국에 입국했다. 한국
에 살며 천주교로 개종해 2016년 종교적 박해를 이유로 난민 신청을 했으나
2018년 5월 불인정 처분되며 출국명령이 내려졌다. 학교 친구들을 중심으로
난민 인정을 촉구하는 목소리를 낸 결과 2018년 10월에 난민 지위를 인정받
았다.

교회 다닌다고 말했어요

저는 일곱살 때 한국에 왔어요. 아빠가 1988년부터 한국에서 해외를 오가며 사업을 하시다가 2010년에 좀 길게 일하시게 되면서 저를 한국에 데리고 오셨죠. 제가 이란에 있는 것보다 한국에 1~2년 와 있으면서 한국어라도 배워두면 좋겠다고 생각하셨던 것 같아요. 그런데 예정보다 오래 머물게 됐어요.

초등학교에 들어가서 친해진 친구가 있었어요. 어느 날 그 친구가 저보고 교회를 같이 가자고 하더라고요. 저는 교회가 뭔지 전혀 몰랐어요. 들어본 적이 없었죠. 뭐 하는 곳인지 궁금해서 따라갔어요. 기독교도 하나의 종교잖아요? 저는 이슬람 국가에서 왔기 때문에 이슬람교도들에게는 교회를 간다는 것이 변절자 행위인데, 잘 모르고 친구를 따라갔던 거죠.

이슬람에 대한 건 노래만 조금 기억이 나요. 제가 갖고 있는 이슬람교의 인상은 굳건하고 어둡다고 할까요? 딱딱한 분위기였어요. 한국에서 교회를 처음 갔는데 다 같이 박수를 치면서 노래를 하는 거예요. 매주 축제가 열리는 곳 같았고 되게 신났어요.

그러다 목사님이 설교 말씀을 하실 때는 또 분위기가

　오늘이 마지막이겠다는 생각이 없어졌어요

달랐어요. 딱딱하지도 시끄럽지도 않았죠. 말씀을 들으면서 처음에는 의심을 좀 했어요. 어떻게 사람이 죽었다가 다시 살아나지? 어떻게 아픈 사람이 갑자기 멀쩡해지지? 말이 안 된다고 생각했죠. 그런데 꾸준히 나가서 말씀을 듣다 보니까 모든 얘기가 퍼즐처럼 하나씩 맞춰지는 거예요. 예배에 참여하고 수련회를 가고 글짓기 대회도 나갔어요. 전국 몇몇 교회가 참여하는 글짓기 대회였는데 제가 은상을 받았어요. 많이 뿌듯했죠. 시작은 친구를 따라 간 거였지만 점점 믿음이 생겼어요.

교회 다닌 지 2~3년쯤 지났을 무렵일 거예요. 이란에 있는 고모와 전화통화를 하다가 고모가 저에게 뭐 하다 왔냐고 묻기에 너무 자연스럽게 "교회 갔다 왔다"라고 했죠. 고모가 "네가 그러고도 사람이냐. 어떻게 그런 짓을 하고도 당당하게 살아가고 있냐"라며 화를 내시는 거예요. 저는 왜 제가 욕을 먹어야 하는지 이해할 수가 없었어요. 뭐가 잘못됐는지 전혀 몰랐어요. 아빠를 바꿔드렸죠. 전화통화를 마친 아빠에게 고모가 왜 화가 나셨는지 물어봤어요. 아빠가 이란은 이슬람 국가고 이슬람은 절대 개종해서는 안 되는데, 네가 개종을 하고 그걸 가족에게 알렸기 때문이라고 설명해주셨어요. 그뒤로 이란에서 연락이 한번도 안 왔어요.

아빠한테 물었죠. 왜 제가 교회를 다닌다고 했을 때 말리지 않았냐고. 아빠도 독실한 이슬람교도는 아니셨어요. 해외를 자주 다니다보니 다른 종교도 보게 되고 이슬람이 신자들을 억압하는 불합리한 종교라고 생각하신 거죠. 아빠가 이란에 계실 때 라마단 기간에 담배를 피우다 걸려서 태형을 당하신 적이 있거든요. 제가 기독교를 선택한 것을 본인의 의사니까 존중해주신 거예요. 그건 너의 종교다.

제가 차별 안 당해서 저도 친구들 차별 안 해요

한국에 와서 초반에는 서울 동대문에 살았고 이후로는 계속 송파에서 살았어요. 학교에 갔는데 아이들이 처음에는 저를 좀 낯설어하죠. 아무래도 처음 보는 외국인이니까. 저희 반에 찬우라는 애가 있었는데, 하루는 학교에 온 엄마한테 "엄마! 우리 반에 터키 사람 있어!"라고 소리쳤던 게 기억나요. 당시는 저도 어렸으니까 이란 말을 하면서도 '사람들이 왜 내 말을 못 알아듣지?'라고 생각했어요. 아빠가 제 말을 듣고 웃으셨죠. 의사소통이 안 되니까 학교 끝나고 애들이랑 축구만 했어요. 축구에는 말이 필요 없잖아요. 패스랑 골만 알면 되니까. 친구들과는 축구로 많이 친해졌어요.

　　한국어는 혼자서 공부했어요. 좀 빨리 배운 편이죠. 아이들과 말이 안 통하니까 내가 한국말을 하지 못하면 친해질 수가 없겠구나 생각했어요. 아빠도 그렇게 말했고요. 그래서 하루에 보통 8시간, 많게는 10시간씩 '주니어네이버'로 한글 공부를 했어요. '가나다라마바사아자차카타파하'를 혼자 받아 적어가며 배웠어요.

놀림을 당하거나 차별 같은 건 없었어요. 아마 제가 한국말을 계속 못했으면 그랬을 수도 있는데 말을 빨리 배워서 소외감은 안 느꼈던 것 같아요.

중학교에 들어가서는 3년 내내 회장을 했어요. 1학년 회장 선거 때 저는 별생각이 없었거든요. 입후보할 때 손을 안 들었는데 친구들이 "김민혁을 추천합니다" 해서 나가게 됐고 회장이 됐어요. 회장을 하다보니까 선생님들을 도와야 하잖아요. 선생님들과 친해지는 기회가 됐어요. 중학교 2, 3학년 때는 제가 자원을 했고요.

저는 아이들과 차별 없이 놀아요. 공부를 잘하는 친구, 놀기만 하는 친구 안 가려요. 처음 보는 친구와도 스스럼없이 어울리는 스타일이죠. 그냥 보이는 대로 같이 놀아요. 무리 지어 다니지 않고, 내 옆에 이 친구가 있으면 이 친구랑 놀고 다른 친구가 오면 같이 껴서 놀아요. 앞에서 잠깐 언급했던 찬우가 저의 절친인데 대인관계를 어려워해서 제가 찬우를 항상 데리고 다녔어요. 다른 친구들을 소개해주고 같이 놀았어요.

친구들과 두루두루 사이좋게 지내게 된 건, 아마도 제가 한국 왔을 때 친구들이 저를 배척하지 않았기 때문인 것 같아요. 저는 영어를 못하거든요. 그런데 외국인이니까 친구들이 저를 처음 보면 "헬로" 하고 인사를 해요. 중학생이 되니까 다른 학교 친구들도 만날 기회가 생기잖아요. 이 친구들도 저한테 "헬로" 하더라고요. 그럼 저는 한국말로 "안녕" 하고 인사하죠. 그러면서 한바탕 웃고 친해지고요. 제가 차별을 안 당하니까 저도 친구들을 차별할 생각을 안 했죠.

아빠의 영향도 컸어요. 이란 사회는 어릴 때부터 예의를 상당히 중시하는 분위기거든요. 예를 들어 한국에서는 어른이 밥 먹기 전에 먼저 숟가락을 들지 말라고 가르치잖아요. 숟가락이라도 들 만큼 커야 예의를 얘기하는 거죠. 이란은 태어날 때부터 시작해요. '응애응애' 하면서 태어나는 게 아니라 '안녕하세요' 하면서 태어난다는 우스갯소리가 있을 정도예요. 어른에게 깍듯하게 대해라. 친구들과 싸우지 마라, 이런 걸 갓난아기 때부터 가르치니까요.

오늘이 마지막이겠다는 생각이 없어졌어요

난민 행정소송 1심 인정, 2심 불인정 "한국 떠나라"

2010년에 한국에 왔을 때는 비자가 있었어요. 계속 연장을 하다가 2014년부터 2016년까지 비자가 없는 상태로 지냈어요. 2016년에 난민 신청을 했는데, 난민 신청을 하면 1차로 출입국관리사무소 난민과에서 면접을 해요. 결국 불인정을 받고 이의 신청을 했는데 또다시 불인정 판정을 받았어요. 그렇게 되면 60일 내로 행정소송을 제기할 수 있어요.

변호사님이 말씀하시길 저는 한국에서 드문, 특이한 경우래요. 간단하게 정리하면 한국에서 사업을 하는 아빠를 따라 한국에 왔고, 친구를 따라 교회에 나갔는데, 교회에 나간 걸 이슬람교인 가족들이 알게 되어서 가족과 연락이 두절된 상태인 거죠. 제가 워낙 어린 나이였으니까 본 적이 없던 케이스였던 거예요.

원래 변호사님들은 희망을 안 주세요. "난민 인정은 어차피 안 되겠지만 그래도 한번 해보겠습니다" 이런 식이에요. 그런데 국선 변호사님이 제 소송을 되게 열심히 해주셨어요. 이 변호사님은 "꼭 될 겁니다, 제가 해보겠습니다" 하셨죠. 종교적인 부분이 확실하다고요. 관련 서류가 진짜 많았어요. 이란에서 개종을 하면 어떤 일이 생길 수 있는지 유엔에서 사실확인 증명서까지 받아서 법정에 제출했어요.

그렇게 행정소송 1심에서 인정을 받았죠.

난민 인정하라는 판결이 나오니까 출입국관리사무소에서 항소를 했어요. 2주 안에 해야 하는데 14일째 되는 날 항소를 하더라고요. 저를 인정해주면 다른 사람들도 인정해줘야 한다는 이유를 들었어요. 그리고 2심에서는 결과가 뒤집어졌죠. 판결 내용은 이런 거였어요. 교회를 여덟살부터 다니기 시작했다, 여덟살 아이가 어떻게 종교 활동을 하느냐, 너무 어리다, 네가 이란에서 유명한 사람도 아니고 이란에 돌아간다 해도 사람들이 개종 여부를 모를 거다, 이란에 가서 개종한 게 아니라고 하면 되지 않느냐… 대법원에 상고를 했는데 심리도 없이 기각당해서 3심이 끝나버렸고 바로 출국명령서가 나왔어요. '2주 내로 한국을 떠나라.'

친구들 180명 단체대화방, 국민청원, 피켓 시위

그때 저는 중학교 3학년이었어요. 중학교는 의무교육이니까 학교에 출국명령 받은 사실을 알렸죠. 그전에는 학교에 난민 인정 소송 얘기를 안 했어요. 그냥 법원 갈 일이 있다고만 했죠. 어쩔 수 없이 학교에 다 털어놨어요. 난민 신청을 했는데 불인정이 나와서 2주 내로 이란에 돌아가야 한

오늘이 마지막이겠다는 생각이 없어졌어요

다고.

옆반 담임선생님이 그걸 들으셨어요. 국어과 담당하는 오현록 선생님이에요. 안 된다, 지금 상태에서 어떻게 이란으로 가겠느냐고 하시면서 방법을 알아봐주셨어요. 출입국관리사무소 난민과에 다시 한번 난민 지위 재신청을 할 수 있다는 걸 알게 됐죠. 한국의 난민 인정률이 1~2퍼센트예요. 법원으로 넘어가면 0.5퍼센트, 그리고 재신청을 하면 0.1퍼센트로 떨어져요.

0.1퍼센트의 가능성이지만 재신청을 했어요. 오현록 선생님이 수업에 들어가서 애들한테 말했대요. "민혁이가 지금 이런 상태에 있다, 도와주고 싶은 친구는 교무실로 와라." 그 수업이 끝나고 두명이 왔대요. 지빈이랑 한솔이에요. 고마웠죠. 험난한 길에 함께하는 사람이 한명만 있어도 너무나 의지가 되거든요. 1~2주 사이에 단체대화방이 만들어졌어요. 저희 학교 학생들, 옆 학교 학생들, 친구의 친구… 동네 아이들이 저를 다 알았어요. 근처 학교에서 유일하게 외국인이고, 한국말을 하는 외국인이니까. 이런 친구들이 하나둘 모여서 180명이 된 거예요.

학교에서 우선 방향에 대한 회의를 하고, 구체적인 방법을 단체대화방에서 논의했어요. 거기에 찬성하는 친구는 도울 것이고 찬성하지 않는 친구들은 얘기만 하겠죠? 처음 나온 아이디어가 국민청원이었어요. 저희 반 친구 지서윤이 청원서를 쓰겠다고 해서 제 서류를 들고 집에 가서 보고 학교 와서도 보고 청원서에 들어갈 글을 작성했죠. 청원을 사람들이 많이 봐야 되는데 알릴 방법이 없잖아요. 워낙 많은 청원들이 올라오니까요. 오현록 선생님이 아는 기자분에게 부탁해서 기사를 냈어요. 첫 기사가 올라가니까 그걸 본 다른 기자분들이 연락을 해왔죠.

방송국에서 학교에 와서 촬영하겠다고 했는데 교장 선생님이 촬영을 반대했어요. 학교 이름이나 교복이 나가면 안 된다고요. 선생님이 화가 나셨죠. 지금 한 아이의 생명이 위험한데 그런 게 대수냐. 그런데 조희연 교육감님이 저희 학교에 격려차 오셨어요. 기자분들과 같이 오셔서 학교에서 기자회견을 한 거죠. 그날 이후로 모든 촬영이 오케이 됐어요. 교장 선생님도 더이상 아무 말씀 안 하셨어요.

난민 재신청을 2주 안에 해야 해서 시간이 얼마 없었어요. 친구들이 저 빼고 피켓 시위를 계획했어요. 제가 끼면 '이 부분은 아닌 거 같은데' '이 부분은 날 너무 띄워주는 거 아냐?' 그럴까봐요. 피켓은 친구들이 하나하나 다 손수 만들었어요. 친구랑 통화하면서 뭐 하냐고 물어보면 밥 먹고 있다고 했는데, 학교에 가보면 피켓 만들고 있어요. 나 하나를 위해서 이렇게 많은 친구들이 시험 기간에 공부도 못하고 저를 도와주는 모습을 보니 고마움을 넘어 미안함까지 생기더라고요. 그래서 물어봤죠. "왜 이렇게까지 나를 도와주냐?" 그랬더니 지빈이가 그랬어요. "내가 너를 돕지 않고 그래서 네가 이란에 돌아갔는데 혹시라도 무슨 일을 당했다는 소식을 듣게 된다면 평생 지우지 못할 죄책감이 들 것 같아." 그 얘기를 듣고 울었어요. 찬우는 "친구니까 돕지, 인마. 너도 나 도와줬잖아. 나도 너 도와준다. 이럴 때 아니면 내가 언제 널 돕겠냐" 그러더라고요. 좀 멋있는 애예요.

시위 날이 마침 여름방학식 날이었어요. 학교가 일찍 끝났는데도 친구들이 놀러 가지 않고 저를 위해 다 같이 출입국관리사무소까지 갔어요. 지하철 타고 한 한시간쯤 걸린 것 같아요. 그날 최고 기온이 38도쯤? 엄청 더웠는데 그 땡볕에서 피켓을 들고 노래를 불러주었죠. 이한철의 '슈퍼스타'라는 노래였어요. "괜찮아, 잘될 거야." 지빈이의 기타 반주에 맞춰 다 같이 노래를 불렀죠. 기자분들도 많이 오셨어요. 피켓 시위 도중에 제가 일어나서 재신청을 하러 들어갔어요.

3년 만에 난민 인정, 눈물 2리터 흘렸다

난민 인정 결과가 나오는 날을 일주일 전에 전화로 알려줘요. 다음 주에 결과 나오니까 출입국관리사무소로 오라고요. 그날이 저희 학교 체육대회 날이었어요.

제 인생 마지막 결과인 거예요. 난민 재신청마저 안 되면 이제는 정말 이란으로 돌아가야 하는 거죠. 재신청도 행정소송을 할 수 있다지만 확률이 0.1퍼센트에서 또 얼마나 내려가겠어요. 아무튼 제가 우울해하고 있으면 친구들도 놀기 눈치 보일 것 같아서 체육대회에서는 신나게 놀았어요. 체육대회 도중에 친구들이 밥 먹으러 갈 때 저는 오현록 선생님과 결과를 받으러 갔어요. 법무부 관계자 두분이 계시더라고요. 기자분들도 오셨고요. 저는 결과 보러 올라갔죠. 그때까지 계속 불인정만 받았으니까 아는데, 불인정 결과지는 종이 두세장 정도거든요. 맨 뒤에 보면 불인정 사유가 있어요. 그런데 이번에는 벨벳 케이스로 된 상장 같은 걸 주는 거예요. 그때 약간 느낌이 왔죠. 아, 됐다! 딱 펼쳐봤는데 '난민 인정!'

관계자분들이 박수를 쳐주면서 저보고 앞으로 열심히 살라고 하시더라고요. 그 말을 듣고는 살짝 욱했어요. 지금까지 어떻게 살아왔는데 열심히 살라는 말을 해요?

오늘이 마지막이겠다는 생각이 없어졌어요

어쨌든 도와준 친구들, 신앙 보증을 서준 염수정 추기경님, 페이스북에 글을 올려준 조희연 교육감님… 다들 도와주신 덕분에 좋은 결과가 나왔어요. 2016년에 시작해서 2018년에 난민 인정받을 때까지 3년이 걸렸어요. 난민 인정받고 눈물을 2리터는 흘렸어요. 더는 힘들 일이 없으니까 너무 마음이 편한 거예요. 이제 갚을 일만 남은 거죠.

난민 면접이 사제 시험 같았어요

모든 게 다 끝났다고 생각했는데 사실 아빠가 남아 있었어요. 제가 재신청을 했을 때 아빠는 법원 행정소송 2심 중이었어요. 판사가 제 재신청 결과를 보고 진행을 하겠다고 했거든요. 그런데 제가 난민으로 인정받고도 아빠는 2심에서 불인정을 받았어요. 아빠가 불인정을 받았다는 소식을 듣고 이탁건 변호사님이 저희를 찾아오셨어요. 대법원에 상고하면 저처럼 기각이 될 게 뻔했기 때문에 아빠도 바로 난민 지위 재신청을 했어요.

당시에 저희가 아빠의 지인분이랑 같이 살았는데 그분이 경제적으로나 행정적으로 많은 도움을 주셨어요. 그분과 같이 생활하면서 아빠와 저도 성당에 다니게 됐어요. 신

부님, 수녀님과 8개월 동안 매주 토요일에는 말씀 공부, 수요일에는 교리 공부를 하고 세례를 받았죠. 천주교가 좀 엄숙하더라고요. 아빠는 천주교의 분위기를 굉장히 마음에 들어하셨어요. 영성체도 모시고, 성가를 불러도 굳건한 마음으로 부르고요. 개신교와 천주교는 뿌리가 같으니까 다른 종교라는 생각은 안 했어요. 어차피 예수님이고 하느님이니까요.

아빠가 처음 난민 신청했을 때가 교회 다닌 지 1년 정도 됐을 즈음이거든요. 아는 것도 별로 없고 한국말도 서툴렀어요. 면접관들의 태도가 '우리가 이 사람들에게 무엇을 중심으로 물어봐야 할까?' '무엇을 도울 수 있을까?' 이런 게 아니에요. '너 교회 다니냐? 찬송가 불러봐' '너 이란에서 태형 맞았냐? 증거 있냐?' '기도문 외워봐' '열두제자 이름 차례로 대봐' 이런 식이에요. 황당한 거예요. 난민 면접을 보러 간 거지 사제 시험 보러 간 게 아니잖아요. 그걸 토대로 불인정이 나온 거죠. 저한테도 나이가 어려서 종교적 신념도 없고 가치관도 없다, 교회를 장난으로 다닌다고 했어요. 판결 자체가 말도 안 되는 거였어요.

난민 재신청을 하면 원래 한달에서 세달 사이에 인터뷰하러 오라는 연락이 와요. 그런데 이번에는 2주도 안 돼서 연락이 왔던 것 같아요. 아빠는 재신청 면접을 오후 1시부터 저녁 6시 반까지 다섯시간 반 동안 했어요. 그날 기자분들이 아빠 들어가시는 걸 찍고는 면접 끝날 때까지 기다렸거든요. 네시간 반을 기다렸는데도 안 나오니까 기자분들이 일부러 그러는 거라면서 욕을 하시더라고요. 기자들이 다 떠난 후에야 아빠가 나왔어요. 보통은 난민면접조서가 서너장인데 아빠 건 스무장 가까이 나왔어요. 같은 내용을 질문을 약간 바꿔서 다시 하는 거예요. 두시간 뒤에 같은 내용을 또 묻고요. 함정에 빠뜨리려는 거죠.

이란에 전화를 했던 때를 저는 잘 기억이 안 나서 2012~2013년으로 기재를 했는데, 아빠는 2014년이라고 적었어요. 그래서 서로 말이 안 맞는다, 거짓이다, 이렇게 되어버린 거죠. 또 제가 고모부 이름을 할아버지 이름으로 잘못 적었어요. 저는 어릴 때 한국에 와서 가족 이름들 잘 몰라요. 아빠는 당연히 잘 알고. 그런데 이런 걸 문제 삼아서 가족 기재사항이 다르다, 말이 안 맞는다, 거짓이다, 하면서 불인정 판정을 해요.

결국 아빠는 난민 재신청도 불인정을 받았는데, 미성년자인 난민 인정자를 양육하고 있는 점을 고려해서 인도적 체류 허가를 준 상황이에요. 제가 성인이 되면 돌려보내겠다는 뉘앙스죠. 아빠도 소송을 준비 중이에요.

아빠 소송에도 몇몇 친구들이 도와주고 있어요. 사실 친구의 부모까지 돕는다는 게 쉬운 일은 아니잖아요. 이 친구들이 끝까지 하겠다, 너네 아빠까지 난민 인정이 되고 한 가정이 이루어졌을 때 끝난 거다, 이 생각으로 도와준다고 했어요. 그래도 저의 문제일 때보다는 약간 식었죠. 고등학교 진학하면서 학교가 갈라지기도 했고요. 중학교 때 친구들이 지금도 그대로 도와주고 있어요.

저를 도운 친구들, 난민 인권 강사로 활동해요

제 친구들은 요즘 난민 관련 강연을 해요. 변호사님들을 대상으로 한 강연을 가서 이야기를 했더니 변호사님들이 "오, 난 이런 부분은 잘 몰랐는데 앞으로 이런 방식으로 도와주면 되겠구나. 난민을 받으면 사회에 이런 도움이 될 수 있구나"라고 말씀하셨죠. 서울대 학생들 대상으로 한 강연도 갔고요. 제 사례를 얘기하면서 많은 분들이 제 문제를 어떻게 도왔고 여러분들도 어떻게 도울 수 있다, 이런 이야기를 전하는 거예요. 저 역시 이 일 겪기 전까지는 제가 난민인 줄도 모르고 살았어요. 저도 친구들도 지난 경험을 통해서 많이 배웠죠. 오현록 선생님이 너희가 난민을 도우려면 최소한 기본적인 건 알아야 되지 않겠느냐고 하시면서 난민과 관련된 공부를 많이 도와주셨어요.

　저도 강연을 다녀요. 다른 학교에서 학생들 대상으로 강연을 해달라고 의뢰가 와요. 인천, 청주, 제주도까지, 스무 군데는 간 것 같아요. 출입국사무소가 저를 키웠죠. 다음 달에는 남양주에 있는 학교에 갈 예정이고, 며칠 전에는 평택청소년문화센터에 다녀왔어요. 제 사례를 알리고 난민의 현 상황을 알리는 일에 보람도 느껴요.

　사람들은 '난민'이라는 단어가 갖는 부정적인 뉘앙스만 기억하고 있어요. 구체적인 실체를 모르죠. 가짜뉴스로 이미 편견을 가진 사람들은 난민이라는 글자가 들어가면 무조건 반대를 하세요. 이런 분들에게 제가 직접 얼굴을 비추고 이야기를 하는 게 제일 좋은 방법인 것 같아요. 제 이야기를 듣고는 '아, 같은 사람이구나' 하고 깨닫는 거죠. 난민을 잘 모르기 때문에 편견이 생기는 것 같아요.

　실제로 이런 사례가 있어요. 저랑 굉장히 친한 친구의 부모님이 난민에 대해 부정적인 생각을 갖고 있었어요. 친구가 저를 돕겠다고 했을 때 부모님이 당연히 반대하죠. 그래도 이 친구가 엄마 말을 안 듣고 끝까지 저를 도왔어요. 나중에 부모님이 뉴스를 보고 제 애기를 들었을 때 반성하셨다고 해요. 부모님이 친구한테 그랬대요. 민혁이한테 미안하다고 전해달라고.

한국 사람들은 난민에 대해 여러 오해가 있는데요. 난민들에게 매달 생계비가 지원된다고 알고 있는 분들도 있어요. 현실은 달라요. 일단 난민 신청을 하면 난민법상 6개월간은 취업을 할 수 없게 해요. 그동안 생계비 지원 제도가 있기는 하지만 아주 적은 금액이고, 그나마도 신청자의 2~3퍼센트만 받을 수 있어요. 어렵게 난민으로 인정을 받는다고 해도 그후에 달리 지원이 있는 게 아니에요. 한국인과 똑같이, 소득이 적은 경우 기초생활보장을 하는 거예요. 지금은 아빠가 일을 못하셔서 지원을 받고 있지만, 일을 시작하시면 지원이 안 나와요.

저에 관한 기사가 나올 때마다 이런 댓글이 정말 많았어요. '세금도둑' '이슬람교도는 자기의 이득을 위해 가짜로 개종할 수 있다' 처음에는 친구들이 댓글 보지 말라고 하는데도 다 읽었어요. 너무 황당한 거예요. 내 얘기를 들어본 적도 없는 사람들이 왜 잘 알지도 못하면서 욕을 하지? 그래서 더욱 제가 직접 얘기를 해야겠다고 생각했어요.

친구들이 댓글부대라는 걸 만들었거든요? 이름이 귀엽죠. 사람들은 기사보다 댓글을 먼저 읽어요. 욕하는 댓글이 제일 위에 있으면 안 좋은 일이라고 단정짓고 같이 욕을 해요. 그래서 좋은 댓글을 위로 올리면 조금이나마 분위기를 바꿀 수 있지 않을까 한 거예요. 그런데 조금 하다가 제가 하지 말자고 했어요. 어차피 사람들은 모를 거예요. 차라리 제가 사회에 나가서 계속 얘기를 해야겠다고 생각했어요. 강연도 하고, 국가인권위원회 캠페인 활동도 했고요. 모델 한현민 형이랑 혐오차별에 대한 라디오 캠페인을 한 달 정도 했어요. 댓글에 상처도 많이 받았지만 저를 키워준 또 하나의 계기가 됐어요. '이런 편견 우리가 부순다' 결심했죠. 제가 진짜 약했는데 많이 강해졌어요.

내가 누군가를 믿었을 때 그도 누군가를 믿는다

지금 고등학교에서 인권부 활동을 해요. 학교에서 차별이나 인권이 침해받는 일이 있다고 생각하면 학생들이 내용을 적어 건의함에 넣어요. 그럼 저희가 그걸 보고 선생님한테 말씀드려서 해결을 하는 거죠. 캠페인도 벌이고요.

　제 꿈은 원래 화이트해커였어요. 사이버 수사대에서 일하고 싶었어요. 워낙 친구들이 해킹을 많이 당하고 저도 많이 당했거든요. 컴퓨터 쪽에 관심이 많아서 프로그래밍도 배웠는데 다른 공부는 안 하고 이것만 했던 거예요. 성적이 안 돼서 사이버고등학교를 못 갔어요. 그래서 포기했죠. 패션에 관심이 많아서 패션모델로 전향을 했어요.

저는 키가 작아서 그 누구보다 워킹을 열심히 해야 해요. 남자 모델들은 키가 보통 185센티미터부터 시작한단 말이죠. 키가 큰 사람들은 옷을 입기만 해도 모델 느낌이 나는데, 저는 모델 워킹을 하기 전에는 모델 느낌이 안 나요. 교육감님께서 꿈이 뭐냐고 물어보셔서 패션모델이라고 하니까 어떤 엔터테인먼트에 연결을 해주셨어요. 엔터테인먼트에서 하는 모델 학원에서 3개월 과정 수업을 들었어요. 그 수업이 2주 정도 남았을 때 대표님이 저에게 워킹 한 번 해보라고 하시더라고요. 그리고 그다음 주에 쇼를 하나 잡아주셨어요. 디자이너 이상봉 선생님 쇼에 나갔어요.

고교 패션위크라고 고등학생들이 직접 옷을 만들고 모델도 하는 행사가 있어요. 제가 그 행사에 모델로 나가서 베스트패션모델상을 받았어요. 열심히 하고 싶다는 의욕이 생겨요. 이번에는 제가 디자이너로 참여해서 옷을 만들고 있어요. 시각디자인과거든요. 일반고에 가도 공부를 잘하지 못하니까 디자인이라도 배워보자 해서 디자인과가 있는 고등학교를 간 거죠.

고등학교가 있는 동네의 친구들은 저를 몰라요. 학교 있는 곳이랑 사는 동네가 다르니까요. 그런데 또 아는 애들은 알더라고요. 고등학교에서 친해진 친구들도 있고요. 공업고등학교다 보니까 오고 싶어서 온 친구들이 있고, 일반고

오늘이 마지막이겠다는 생각이 없어졌어요

를 갈 성적이 안 돼서 온 친구들도 있어요. 조금 사고를 친 친구들도 있고, 문신 있는 친구들도 있고. 그렇다고 이 친구들이 다 나쁜 게 아니에요. 그냥 각자의 가정사나 어려운 일들이 있었던 거죠. 다 좋은 친구들이에요. 제가 누군가를 믿어줄 때 그 사람이 또다른 누군가를 또 믿고 반기면 사회에서 누가 누구를 배척할 일이 없지 않을까요.

'오늘이 마지막이겠다'라는 생각이 없어졌죠

난민 인정을 받은 이전과 이후에 제일 큰 차이는, 제약이 없다는 거예요. 의료보험, 핸드폰 개통 같은 일들이요. 다만 은행 업무는 좀 제약이 있는데요. 그건 난민 인정, 불인정 때문이 아니라 이란이라는 국적 때문이에요. 이란이 핵 제재 국가라서 미국에서 이란의 계좌를 막았어요. 이란 사람들은 한국에서 계좌를 못 만들어요. 힘겹게 계좌를 만들어도 체크카드를 못 만들고요. 지난번에 하동 라이온스클럽에서 장학금을 받게 됐는데 계좌가 없으면 받을 방법이 없잖아요. 교육청에 있는 농협에서 겨우 통장 개설을 할 수 있었어요. 이제 대학에도 진학할 수도 있고, 취업도 문제가 없고요. 미등록 아동들이 사회에 나오는 걸 두려워하는데,

체류자격을 받은 후부터는 '오늘이 마지막이겠다'라는 생각이 없어진 게 제일 좋아요.

제가 세계 인종차별 철폐의 날 행사에서 개회사를 했어요. 그때 맵 대표님이 개회사를 듣고 저한테 먼저 오셔서 "개회사 잘 들었다. 민혁이 기사도 많이 봤는데 우리랑 같이 해볼 생각 없냐" 하시더라고요. 맵(MAP)은 '아시아 평화를 향한 이주'라는 단체인데 이주노동자, 이주아동, 미등록인 사람들을 도와요. 난민이 스스로 자신의 이야기를 들려주는 '사람책' 활동을 제안하셔서 고민 없이 바로 한다고 했어요. 너무나도 좋은 취지니까요.

중학생 때도 저는 봉사를 120시간 했어요. 원래 세시간만 채우면 되거든요. 사랑의 도시락 나눔이라고 독거노인에게 도시락을 드리는 봉사 활동을 하는 데서 일손도 돕고 아이디어도 냈어요. 마을문화기획단에서는 단장도 했고요. 저는 받은 게 많아서 제가 할 수 있는 일이라면 뭐든 다 하고 싶어요.

사회에는 난민도 있고 일반인도 있고 외국인도 있어요. 누구라도 어떤 이유로 난민이 될 수 있어요. 저도 한국에 왔을 때는 그냥 외국인이었는데 하루아침에 난민이 된 경우예요. 난민이나 이주노동자들을 무조건 한국에 돈 벌러 온 사람, 우리의 일자리를 뺏으러 온 사람이라고 생각하

오늘이 마지막이겠다는 생각이 없어졌어요

시는데 이들도 그냥 사람이에요. 일자리를 뺏는 것도 아니죠. 취직을 할 수 있는 데가 정해져 있어요. 전문직이 아닌 단순노동이고, 한국인들이 잘 안 하는 일자리로 가야 해요. 이주민들도 목소리가 있는데 본인 나라가 아니고, 편견을 가진 사람들이 많아서 목소리를 내지 못하고 있어요. 서로 편견을 버리고, 동등하게 보고 살아갔으면 좋겠어요.

* 2021년 6월 4일, 법원은 김민혁군 아버지의 난민 불인정 결정을 취소하라는 판결을 내렸다. 민혁과 아버지는 출입국·외국인청에 난민 인정 재신청을 할 계획이다.

정직한
한 사람이 중요해요

—

석원정

이주인권활동가

석원정

이주인권활동가

서울시 성동외국인노동자센터 센터장, 외국인·이주노동자 인권을 위한 모임 소장, 국가인권위원회 비상임위원을 맡고 있다. 한국에 이주노동자가 들어온 1990년대 초부터 이주노동자 곁에서 일했다. 카림과 달리아 남매, 마리나 등 이주청소년의 체류자격 인정을 돕고 있다.

몽골 학생 민우 사흘 만에 강제추방

2012년에 몽골 학생 민우가 추방당하는 사건이 벌어졌어요. 이주아동이 추방당하는 일은 이전에도 많이 있었는데 그 사건은 좀 특별하게 마무리가 됐죠.

민우가 자사고(자율형사립고등학교)를 다니고 있었어요. 민우의 부모님은 비자가 없는 상황에서도 아이를 자사고에 보냈을 정도로 교육열이 대단했죠. 외동아이였어요. 민우가 고등학교 1학년 때, 알고 지내던 몽골 아이들 중 한명이 몽골로 돌아가게 돼서 송별회를 했어요. 이 아이들은 청소년이기는 했지만 한국 아이들보다 대개 나이가 많아요. 한국어 때문에 학교를 한두살 늦게 들어가거든요.

송별회에서 민우는 잠깐 엄마한테 온 전화를 받으러 나갔는데, 돌아와보니 한국 아이들과 몽골 아이들이 싸움이 났어요. 이 아이들이 몽골어로 이야기를 하고 있으니까 지나가던 한국 청소년들이 욕을 한 거예요. "몽골 새끼, 너희 나라로 돌아가라." 시비가 붙었고 민우는 옆에서 말렸는데 그사이에 누가 신고를 한 거죠. 경찰이 왔고 다른 애들은 다 도망갔는데 말리던 민우만 잡혀갔어요.

경찰서에서 조사를 받는 과정에서 민우는 싸움에 가담하지 않았다는 게 증명이 됐지만 그 와중에 비자가 없는 게

131 정직한 한 사람이 중요해요

드러났죠. 그다음 날 외국인보호소로 이송되고, 바로 구금됐어요. 경찰에 잡힌 날짜가 10월 1일이었고 10월 5일에 바로 강제출국을 하게 된 거죠. 사실 그렇게 소리없이 쫓겨나는 아이들이 많아요. 그런데 민우 건은 그렇게 끝나지 않았어요.

민우 담임선생님이 과학선생님이었는데, 보기 드물게 자기 자신에게 정직한 분이었던 것 같아요. 추석 연휴가 끝나고 학교에 갔는데 민우가 없는 거예요. 연락도 없이 사라진 거죠. 그러자 선생님이 막 수소문을 했죠. 그때는 민우뿐만 아니라 갑자기 학교를 안 나오는 한국 아이들도 많았어요. 그럼에도 학교에서 찾지를 않아요. 전화 한두번 해보고 말죠. 한국 아이든 외국 아이든 간에 아이한테 무슨 일이 벌어졌는지 한국의 교육계에서는 모르는 거예요. 그런데 이 선생님은 관심을 갖고 수소문한 끝에 민우한테 무슨 일이 일어난 건지 알게 됐어요.

담임선생님이 경찰에 연락했더니 경찰이 민우가 외국인보호소에 있다고 알려줬어요. 보호소에 전화를 해서 '내가 민우 담임선생님이다' 그랬더니 민우가 내일 추방되는데 몇시에 오시면 얼굴은 보게 해드린다고 한 거죠. 선생님이 다음 날 인천공항으로 갔어요.

원래는 추방 예정인 사람과 절대 면회가 안 되거든요.

그런데 그분은 '내가 담임인데 왜 안 되냐'고 항의했고, 외국인보호소 측에서 선생님과 민우를 만나게 해줬어요. 선생님이 민우를 만난 곳이 승합차였어요. 민우는 그날 같은 몽골행 비행기를 타고 갈 사람들끼리 도망가지 못하게 수갑을 엇갈려서 차고 승합차에 나란히 앉아 있었거든요. 그리고 많이 먹으면 화장실 간다고 하루 종일 먹을 걸 안 줬다고 해요. 새벽 일찍 나올 때 빵 한조각 먹고 나서는 온종일 자기가 타고 갈 비행기가 올 때까지 승합차에서 대기를 하고 있는 거예요. 그러다가 비행기가 오면 무빙워크 위를 여럿이서 수갑을 차고 가는 거죠. 도주 우려가 있다고 그렇게 해요. 출입국관리사무소 측에서는 선생님이 강력하게 요청하니까 인사는 하게 했지만, 민우 수갑을 풀어줄 수는 없는 거죠. 그렇게 아이는 승합차 안에 있고 선생님은 승합차 밖에 있고, 민우가 어떤 상황인지 선생님은 도무지 이해가 안 되고.

선생님 입장에서는 애가 가만히 앉아서 텅 빈 눈을 하고는 너무나 담담하게 눈도 까닥 안 하고 '네, 선생님' 그러고 별다른 감정 표현이 없으니까 의문이 든 거죠.

'얘는 태도가 왜 이래? 앞으로 나를 못 보는데 어떻게 저렇게 아무 감정 없이 있지?'

'어떻게 애가 갑자기 없어져?'

'왜 이런 일이 벌어지지?'

선생님은 이 모든 상황이 이해가 안 가는 거예요. 계속 의문이 드는 거죠. 그래서 몇몇 단체를 찾아다니면서 상담을 한 거예요. 한 단체에서 국가인권위원회에 가서 상의해 보라고 알려주고, 국가인권위원회에서 어떤 이주민 단체를 소개해주고, 그 단체에서 저를 추천해주셔서 제가 그 선생님을 만나게 됐죠.

민우 계기로 이주아동 고등학교까지
추방유예 방침 생겨

선생님이 저를 찾아왔어요. 이야기를 가만히 들어보니까 너무 기가 막힌 거예요. 얘기를 듣는데 저절로 눈물이 나와요. 선생님도 울고 저도 울고. 그때까지만 해도 이런 열일곱살짜리 아이들이 어떻게 추방되는지를 사실 우리는 정확히 몰랐어요. 그 과정에는 여러 문제가 있었어요. 일단 미성년자를 혼자 추방하면 안 되죠. 인신매매의 우려도 있고. 특히 경찰서에서 밤샘조사를 받고 바로 다음 날 아침도 안 먹이고 외국인보호소로 이송을 시키고 그런 과정이…

이렇게 넘어갈 수는 없다는 판단이 들었어요. 이미 추방

된 아이지만 문제를 제기했어요. 추방당하면 몇년간 입국이 금지되는데, 고등학교 재학 중인 아이를 갑자기 내쫓는 게 너무하다는 데 공감대가 형성됐어요. 사회단체에서 들고일어나 대책위원회를 구성했고, 국회의원들도 도와주고, 다각도로 운동을 해서 굉장히 어렵게 정부의 입국 허가를 받아냈어요.

민우 사건은 전례가 없는 일이었어요. 비자 없는 아이들이 추방당하는 것은 어쩔 수 없는 일이고, 일단 추방했으니 거기에서 자리를 잡게 하는 게 맞지 않느냐는 생각이 일반적이었죠. 그런데 저는 그걸 아이 스스로 선택하게 해야 한다고 계속 주장을 했어요. 본인 입장이 가장 중요하잖아요. 아이한테 물어보면 당연히 한국에 오고 싶다고 하죠. 한국이 자기가 자란 곳이니까요.

민우 사건을 계기로 재학 중인 미등록 이주아동은 고등학교를 졸업할 때까지 아동과 부모를 추방하지 않고 교육권을 보장한다는 방침이 만들어졌어요. 그전에는 정부가 중학교 졸업 전까지는 추방하지 않겠다고 했지만 사실은 많이 추방했어요. 고등학교 다니는 아이는 이루 말할 것도 없고요. 그리고 비자 없는 아이들이라는 이유로 추방당하는 과정에서 굉장히 반인권적인 행위들이 자행되고 있었는데 그에 대해 최초로 문제제기를 했다는 의미가 있죠. 민우 사례 이후에 아동을 혼자 추방하는 것은 유엔아동권리협약 위반이라는 문제제기를 계속했고, 자연스럽게 이주민인권 활동의 의제가 미등록 이주아동의 체류권으로 옮겨갔어요.

이주아동 교육권 모르는 교사들 아직 많다

10년 전만 해도 교사들마저 이주아동이 비자가 없으면 공교육을 받지 못하는 줄 알고 있는 경우가 많았어요. 교육부에서는 매뉴얼을 만들어 공지를 하지만 담당 선생님이 계속 바뀌고 잘 모르는 거예요. 이제는 이주아동들이 웬만하면 학교는 다니지 않나 생각들 하는데, 여전히 초등학교나 중학교에서 입학을 거절당하기도 해요. 다문화가정 아이들이 많아지니까 학부모들이 우리 학교에 다문화가정 아이들이 많아지면 학교 질이 떨어진다고 반대를 하고, 학교에서는 학부모들을 핑계로 이주아동 입학을 거절하는 경우가 있어요.

2010년에 여러 이주인권활동가들과 같이 '이주아동의 교육권 실태조사'를 했는데, 그 당시 확인한 바로는 교육청 담당 장학사나 교사들도 이주아동 관련 정책을 모르는 사람들이 더 많았어요. 출입국관리법에 보면 '공무원의 통보 의무'가 있어요. 공무원이 직을 수행하다가 위법한 사실을 발견하면 통보를 해야 할 의무가 있다는 건데, 그러면 교사는 '비자가 없는 아이를 내가 신고해야 하는 건가?' '교사가 아이를 신고하는 건 말이 안 되는데, 그럼 그 부모를 신고해야 하나?' 하며 선생님들이 헷갈려하신다는 것을 알았죠. 그 실태조사 이후, 유엔아동권리협약에서 통보 의무를 면제하는 것처럼 국내법도 개정을 하려고 이주민 단체들이 엄청 싸웠어요. 지금은 공무원의 신고 의무에서 교육과 보건은 예외라는 단서조항이 붙었죠.

'이주아동은 고등학교를 졸업할 때까지는 유엔아동권리협약에 따라서 한국에 머물 수 있다.' 이것이 의미하는 바는 아이가 인생을 안정적으로 설계할 수 있게 한다는 거예요. 언제든 갑자기 폭력적으로, 마치 불의의 사고처럼 보호자의 국적국으로 추방될 수 있다는 불안감을 안고 살지 않게 하라는 거예요.

미등록 이주아동은 주민등록번호 같은 신분번호가 필요한 것은 다 안 돼요. 그로 인한 불편이나 불이익은 이루 말할 수도 없고요. 하지만 그중에서도 제일 안 좋은 건 언제 내 생활이 끝장날지 모른다는 불안함이에요. '언제 내 부모가 갑자기 사라질지 모른다' '나도 갑자기 사라질지 모른다' 이게 아이들에게 가장 안 좋은 영향을 주죠.

정직한 한 사람이 중요해요

체류권이 없는 아동들이 학교에 다닐 때 외국인등록번호나 주민등록번호가 없으면 할 수 없는 일이 많아요. 보험가입이 안 돼서 수학여행도 못 가고, 공부를 잘해도 경진대회에 나갈 수 없어요. 이주민 단체에서 교육 서비스를 제대로 받을 수 있게 하라는 요구를 하면, 정부는 신분번호가 없는 걸 어떻게 하느냐고 그래요. 왜 꼭 주민등록번호나 외국인등록번호가 있어야 하죠? 학교를 다니는 아이들은 학번이라는 게 있잖아요. 임시번호로 교육 서비스를 이용할 수 있게 하는 건 충분히 가능한 일 아닌가요?

이번 코로나19 때 전국 중학생에게 비대면학습지원금이 지급되었는데, 해외 국적 학생들은 모두 배제되었어요. 체류권을 가진 학생들마저도요. 이렇게 신분번호가 있는 아이들도 공교육에서 배척되는 경우가 있죠. 기본적으로 재난 상황에서 외국인을 우리의 구성원이자 재난을 함께 극복해나가야 할 사람으로 인식하지 않고, 하고 싶어하지도 않는 거죠.

불쌍하다며 도와주다가 권리로 주장하면 '그건 아니지'

이주민에 대한 편견을 가진 사람들은, 이주민을 같은 사람으로 생각하지 않는 것 같아요. 이질적인 것에 대한 거부겠죠. 어떻게 어울려야 할지 잘 몰라요. 아주 불쌍하다는 듯이 시혜적으로 접근하거나 아니면 배척하거나, 둘 중 하나예요. 그런데 동정적으로 접근하는 것은 낮춰보는 거잖아요. 이런 경우도 흔해요. 고향 떠나와서 고생한다, 불쌍하다, 이러면서 도와줘요. 그런데 그들이 권리를 주장하면 그때부터 "그런데 그것까지 해주는 건 좀 아니지 않아?" 하고 등을 돌리죠.

우리 교육이 많이 바뀌어야 한다는 생각이 들어요. 이질적인 존재와 살아가기 위해서 우리에게 뭐가 필요한지, 상투적인 말이기는 하지만 다르다는 것을 어떻게 받아들여야 하는지, 나와 다른 사람들하고 어떻게 공존할 수 있는지, 이런 훈련이 안 되어 있는 게 크다고 봐요.

2004년에 저희 단체에서 국가인권위원회 프로젝트로 이주민에 대한 편견을 불식시키기 위해서 수업 모델을 개발했어요. 이주노동자 당사자들이 와서 자기 나라 문화를 소개하도록 했어요. 미얀마 수업에서는 전통복식, 음식 등 시청각 자료를 동원해서 미얀마라는 나라의 역사와 종교, 문화적 특징들을 소개하는데 통역 없이 한국말로 하도록 훈련을 시켜요. 축제도 만들어보고 방송도 여러군데 나가고, 거의 모델처럼 됐죠. 외국인 노동자들과 더불어 살기 위해 우리 사회가 어떻게 변화해나가야 하는가를 염두에 둔 거예요. 그런데 이 '문화 이해' 프로그램도 한두해 하다 보니 회의가 들었어요. 우리의 목적은 우리가 인권을 침해하고 있는 이들이 사실은 얼마나 아름답고 멋진 나라에서 왔는지 알아야 한다는 거였는데, 그러다보니 대상을 완전히 규정지어 버리는 결과가 되는 거예요. 한국에 있는 외국인 노동자들은 모두 인권 침해를 당하고 저임금에 시달리는 사람이라는 하나의 편견이 아이들에게 강렬하게 박히는 거죠. '아, 이것도 아니네' 싶었어요. 계속해서 내용을 바꾸면서 고민을 해왔죠.

다문화 이해 교육 커리큘럼을 만들고 한참 열심히 하다 보니 '도대체 교육이라는 게 효과가 있나? 인간이 교육으로 변하나?' 하는 의문도 들었어요. 당근과 채찍 전략으로 한편으로는 교육, 한편으로는 규제, 이렇게 바꿔나가야 한다고 생각했는데 그걸로 해결이 안 되는 부분이 분명히 있는 것 같았고, '감수성' 자체가 바뀌어야 한다고 생각하게 됐어요.

하지만 그 감수성이라는 게 하루아침에 바뀌는 건 아니잖아요. 제 스스로의 생각이나 의식이 바뀌는 데도 오랜 시간이 걸렸어요. 제가 2000년부터 이주민인권운동을 했으니까 근 20년을 이주민들과 접촉을 했잖아요. 이제는 한국인들이 하는 말과 행동이 제게도 불편할 때가 있어요. 저런 말 하면 안 되는데 싶은 것들. 이제서야 이주민의 감수성을 이해하게 된 거죠. 전에는 저도 잘 몰랐어요. 실수도 많이 하고요. 굉장히 긴 시간이 지나서야 비교적 자연스럽게 체화됐고 우리 문화의 특징을 이주민의 눈으로 볼 수 있게 됐어요.

대학 시절 학생운동, 노동운동을 거쳐
외국인 노동자 지원하며 이주민 문제로

저는 대학 때 학생운동을 하다가 긴급조치 9호 위반으로 감옥을 갔다 왔어요. 대학을 졸업했는데 마땅히 갈 곳이 없는 거예요. 그때는 시민단체도 많이 없었어요. 1990년에 잠시 노동인권회관에서 일을 했어요. 노동인권회관은 부천서 성고문사건 피해자 권인숙씨가 국가에서 받은 배상금으로 만들어진 단체예요. 사회단체로서는 최초로 1992년에 '외국인이주노동자인권을위한모임'이라는 이주민지원 단체가 만들어졌는데, 그곳에서 일을 하면서 이주노동자 문제를 차츰 알게 됐어요.

1990년대부터 우리 사회에 이주 관련 단체들이 하나씩 하나씩 만들어지면서 1995년에 이주 관련 비영리단체 네

트워크 '외국인이주노동운동협의회'(현재의 외노협)가 만들어졌어요. 그즈음에 국제결혼도 증가하고 이주노동자가 급격히 유입됐는데, 그들이 처한 현실이 정말 열악했어요. 당시에는 뭘 하나 하려고 해도 정부와 싸우지 않고는 되는 게 없었어요. 개별 단체로는 활동이 어려워서 네트워크가 만들어진 거죠.

1990년대는 한국사회 경제구조의 변화기였어요. 이 추세대로라면 이주민들이 앞으로 많이 늘어날 텐데, 외국인 노동자들의 처우가 한국인들보다 낮아지면 결국 한국인 노동자들에게 독이 된다는 것이 우리의 지론이었어요. 노동력이 절대적으로 부족하니 외국 인력이 들어오는 것은 불가피한데, 이주노동자가 저임금 노동력 풀로 기능하면 한국인 노동자의 노동조건도 저하되는 거예요. 이주노동자들의 처우가 한국인들과 동등해져야 한다는 관점이었죠.

그때는 이주노동자 문제만 해결하기에도 바빴어요. 이주아동 숫자도 많지 않았고요. 아이들이 학교를 못 다닌다는 걸 이주민 단체에서도 아주 적은 수의 활동가들만 알고 있었어요. 그 아이들에게 주목했던 소수의 사람들이 아이들이 학교에 다닐 수 있게 하려고 굉장히 애를 많이 썼어요. 1990년대 한국은 이주아동에 대한 이해가 전혀 없었어요. 물론 한국은 유엔아동권리협약을 아주 이르게 비준한

국가예요. 협약 발효가 1991년부터인데 그 협약이 뭘 의미하는지조차 몰랐던 거죠. 학교에서는 아이가 비자가 없으면 학교에 못 다니는 것을 너무 당연하게 생각했어요. 이주아동들이 공교육을 받을 수 있도록 국가가 노력해야 할 의무가 있다는 사실도 몰랐고요. 그래서 초기에는 소수의 활동가들이 학교를 일일이 찾아다니면서 설득을 해 입학시켰었죠.

2010년에 저희 단체를 포함해서 몇몇 이주민인권 단체에서 국가인권위원회 연구 프로젝트를 진행했어요. 앞서 잠깐 언급한 '이주아동의 교육권 실태조사'요. 6개월간 이주아동과 학부모, 교사, 정책 관련 공무원과 이주아동 지원 민간단체 관계자 등을 대상으로 설문조사와 심층 인터뷰를 진행했죠. 특히 이주아동은 공교육과 대안학교 학생, 출국아동 등 크게 세 분류로 나누어 190명을 조사했어요. 조사결과 이주아동들은 입학, 전학, 진학 등 공교육 진입부터 걸림돌이 상당하다는 게 밝혀졌어요. 그 실태조사를 바탕으로 국가인권위원회가 정부 관련 부처에 이주아동의 교육권보장에 필요한 종합적인 내용들을 담아서 권고를 했죠.

체류 지위에 관계없이 모든 이주아동의 공교육 진입을 보장하려면 교육 당국 차원의 이주아동에 대한 이해 교육이 있어야 한다, 출입국관리법에 규정된 공무원의 통보 의

정직한 한 사람이 중요해요

무가 제한 혹은 폐지돼야 한다, 이주아동 학습 적응을 지원하는 제반 여건을 마련해야 한다 등을 요구했어요. 이주아동을 위한 예비학교, 예비학급 같은 제도도 다 그 일환이고요. 국가인권위원회의 권고를 정부 부처들이 전면 수용함으로써 이주아동의 교육권 보장을 위한 종합적 정책을 만드는 계기가 되었어요. 그렇지만 2010년 실태조사로 드러난, 체류자격 부재가 미등록 이주아동의 교육권에 미치는 치명적 악영향에 대해서는 큰 진전은 없었어요.

2010년의 실태조사는 제가 이주아동의 상황을 종합적으로 이해하고 이후 지속적으로 이주아동에 대해 관심을 갖게 된 계기이기도 합니다. 그러다가 2012년에 민우 강제퇴거 사건을 담당하게 되면서부터 이주아동들의 체류권에 좀더 집중하게 됐어요.

인문학 소양 뛰어난 사남매, 불투명한 미래

카림과 달리아 남매는 제가 본 아이들 중 한국 문화와 역사를 가장 잘 이해했어요. 사남매인데 아이들이 다 책을 좋아하고 인문학적 소양이 있어요. 제가 국문학을 전공해서인지 같이 얘기할 때 '외국 아이들과도 이런 이야기를 할 수 있구나' 하는 느낌이 좋더라고요. 둘째 달리아는 백석 시인을 좋아하고요. 첫째 카림은 전교 1등을 할 정도로 공부를 잘했어요. 국어랑 역사를 잘하고, 글도 쓰고 시도 써요. 웹툰 동아리 활동도 했더라고요. 저는 그 아이들이 이주아동 당사자로서의 경험을 풀어내주면 좋겠다고 생각했어요. 그런 아이가 하나 나온다는 건 정말 엄청난 거거든요. 재능이 너무 아까웠어요.

사남매는 지방의 조그마한 동네에서 살았어요. 초등학교 다닐 때는 전교생 열두명 중에 자기들이 네명이었다고 해요. 이 아이들이 다니던 학교도 사남매가 다 졸업한 후 폐교를 했대요. 중학교도 고등학교도 학생 수가 적은 곳을 다녔어요. 학교에서도 선생님들한테 사랑받고 인정받으면서 잘 자랐어요. 학교 선생님들이 노력해서 장학금도 받게 해주고, 얘네들이 보물단지 같은 애들이었던 거예요. 아이들이 자기들은 차별을 당해본 적이 없다고 말해요.

그런데 고등학교를 졸업하면 추방된다니까 충격이죠. 그 아이들은 고등학생이 되고서야 정확하게 알았어요. '나의 미래는 없다.' 그때부터 공부를 안 해요. 담임선생님이 아이들을 아끼는 마음에 말했대요. 포기하지 말아라, 일단 끝까지 가봐라, 그때 가서 포기해도 늦지 않다. 그런데 그게 아이들 입장에서는 쉽지가 않잖아요. 그냥 손을 놓아버린 거예요. 그러다가 우리 단체와 연결이 됐어요. 저도 말했죠. "일단 포기하지 말아라. 된다는 보장은 없지만 모든 시도를 할 거다. 그러니 같이 노력하자. 사람 일은 알 수 없는 거다." 아이들이 당시에는 그 말이 별로 안 와닿았는데 지금 생각해보니 섣불리 포기할 건 아니었다는 생각이 든다고 하더라고요. 첫째한테 국가인권위원회에서도 웹툰 공모전이 있다고, 상금도 나오니까 해보라고 계속 부추기고 있어요. 너의 자질을 포기하지 말라고요. 첫째는 고등학교 졸업하고 동네에서 아르바이트를 하는데 솔직히 괜찮은 일자리는 없죠.

둘째가 2020년에 고등학교 3학년이 됐어요. 수능시험 꼭 보라고 했는데 원서 접수 시기를 놓쳤다는 거예요. 제가 보기에는 날짜를 놓친 게 아니라 어차피 미래가 없으니까 돈도 없고 해서 접수를 안 한 것 같아요. 그런 상황에 있는 아이들에게 대학을 준비하라고 말하는 자체가 어떻게 보면 너무 잔인해요. 하지만 뭐라도 배워두는 건 분명히 좋은 거거든요. 희망고문일 수도 있지만… 그럼에도 불구하고 아이들을 붙들고 말해요. '너희들은 일단 시험을 봐야 해. 못 가더라도 좋은 학교에 붙어. 공부를 잘해서 나쁠 건 없지. 써먹을 수 없을지라도.' 그런데 그게 웬만큼 마음이 강해야 해낼 수 있는 일이죠. 미등록 아동들이 중학교 가면 대부분 공부를 포기해요. 자기 상황을 잘 모르던 아이들도 고등학교까지 가면 공부를 포기하는 경우가 많고요. '공부해봤자 소용없네' 싶은 거죠.

늘 새로운 상황, 문제가 발생해야만 안다

이주민 관련 활동을 하다보면 아무것도 해줄 수 없는 상황이 생겨요. 월급을 못 받았거나 다쳤다거나 하는 일들은 한국사회 시스템으로 도와줄 수가 있는데, 비자가 없어서 추방을 당하면 해줄 수 있는 게 거의 없죠. 인권 침해나 부당한 추방이 아니라면 어쩔 수 없어요. 자기들도 스스로 각오하고 있어요.

그나마 어른들은 좀 나아요. 어쨌든 본인 선택으로 왔고, 자기가 어떤 상황인지를 아니까. 아이들의 경우는 그게 아니에요. 본인이 선택한 삶이 아닌데, 까딱하면 단 한번도 가본 적 없는 부모의 국적국으로 추방당하기도 하고, 부모와 생이별을 당하기도 하니까 상황이 심각하죠. 어떻게든 발버둥이라도 쳐보고 싶은 상황인 거예요.

이주아동 관련해서는 늘 새로운 상황이 생겨요. 부산의 어떤 단체에서 만난 사례인데, 미등록 이주민인 할머니가 한국에서 태어난 손자 둘을 데리고 있다가 자진출국을 하겠다고 신고를 했어요. 할머니와 손자들 모두 비자가 없었죠. 부모는 이미 추방당했고요. 그래서 할머니가 이 아이들을 데리고 본국으로 가려고 출입국관리사무소에 신고를 했는데 과태료 200만원을 내라고 한 거예요.

한국에서 외국인이 아이를 낳으면 외국인등록을 해야 해요. 그래야 외국인등록증이 나오거든요. 그런데 부모가 비자가 없으니까 출생등록을 못한 거예요. 외국인등록 시한이 출생 후 90일 이내고, 넘기면 과태료를 내야 한대요. 할머니가 돈이 없어서 출국을 못하고 단체에 전화를 했어요. 이 경우는 아이가 어려서 보호자인 할머니가 내야 하지만, 아이가 성년이 되면 되면 본인이 내야 해요. 제가 아는 어떤 아이는 벌금이 누적이 돼서 400만원이 부과되었어요. 법무부에 이건 말이 안 된다고 했더니 미성년자는 부모에게 책임을 묻는데, 성년이 되고부터는 자기가 출생신고를 했어야 한다고 하더라고요.

이런 식으로 생각도 못한 이상한 일이 계속 일어나요. 어른들은 자기가 겪은 사례를 설명하기도 하고, 또 단체가 많이 있으니까 알려지는데 이주아동 문제는 수도 적고 아이들이 목소리를 못 내니까 묻혀버려요. 이 아이들에게 어떤 일이 벌어져도 우리는 모르는 거죠.

한국사회의 법제도는 이주민을 강력하게 통제하고 있는데, 한국 법제도와 이주민의 삶이 어떤 식으로 충돌하는지는 사건이 되기 전까지 아무도 모르는 거예요. 우리 같은 단체 활동가들이 이주민의 삶을 어느 정도 짐작한다고는 하지만, 실제로 사건이 발생하기 전까지는 알 수가 없어요. 늘 새로운 상황이 일어나요.

결혼이주여성이 한국인 남편한테 맞아서 도망을 나왔어요. 이런 경우 쉼터를 이용해야 하는데, 불가능해요. 이용 대상이 '국민'으로 되어 있기 때문에 외국인 여성은 안 되는 거죠. 이런 사례를 보고 이주여성 단체에서 요구해서 별도의 상담소와 센터를 만들었어요. 문제가 드러나야지만 해결할 수 있는데 언제 어디서 어떻게 일어날지 모르는 거죠. 코로나19 재난지원금에서도 국적을 취득하지 않은 결혼이주여성은 제외되었어요. 이주여성을 세대원에 포함할 거냐 말 거냐에 대해서는 아무도 생각을 안 해본 거예요. 이렇게 일어나기 전까지는 알 수가 없어요. 매뉴얼로 공부할 수도 없고.

한국 공교육 받은 아이들 체류자격 주어야

미등록 아동은 모든 법과 권리, 인권과 복지의 사각지대에 있어요. 이 아이들은 계속 음지에서 성장을 하게 돼요. 미등록 아동을 모조리 국적국으로 돌려보내는 건 현실적으로 가능하지도 않고, 인도적이지도 않아요. 유엔아동권리협약에도 교육받을 권리가 나와 있듯, 인도적인 차원에서도 사회가 아동을 보호해야 하고, 공존할 방안을 생각해야 해요. 이 아동들이 어떻게 여기서 자리 잡고 사회 구성원으로 기능할까 고민해야죠. 아이들을 양지로 끌어내서 자기의 미래를 긍정적으로 그릴 수 있게 해줘야 한다고 생각해요.

미등록 아동의 부모까지 국적을 주자는 것도 아니고, 체류자격을 주자는 것도 아니고, 한국에서 평생을 살고 공교육을 받은 아이들을 여기서 살게 해주자는 거예요. 미등록 이주아동의 체류를 반대하는 사람들이 늘 하는 이야기가 '이렇게 하면 다 여기에 와서 애 낳을 거다'잖아요. 아니, 자기들 같으면 잘 알지도 못하는 나라에 살겠다고 일부러 애를 낳겠느냐고요. 남의 나라, 특히 한국에서 외국인으로 사는 게 얼마나 힘들어요. 그리고 설사 그런들 그게 뭐가 문제예요. 지금 인구가 부족해서 문제인데.

한국사회는 앞으로 점점 더 외국인이 많아질 거예요. 이주노동자가 늘어나는 건 한국 경제가 그만큼 그들을 필요로 하기 때문이에요. 나중에는 가족 단위로 이민을 권장하게 될 거예요. 지금 시골도 소멸되고 있잖아요. 그걸 막으려면 사람이 가는 수밖에 없는데 한국인이 누가 가요. 외국인의 이민을 받아들일 수밖에 없어요. 앞으로는 이주민에게 가산점을 준다든지, 지원을 해준다든지, 영주권 취득 요건을 완화해준다든지 하는 방법을 정부가 쓰게 될 수밖에 없다고 봐요. 정책적으로, 하다못해 한시적으로라도 풀어서 미등록 이주아동 문제를 해결해야 하는데 쉽지가 않아요. 지난번 국가인권위원회 권고 후 정부가 미등록 장기체류 청소년의 합법화 경로를 만든다고 했어요.* 미흡한 부분이 있겠지만 그것만으로도 굉장한 진전이기는 해요. 우리는 이왕 할 거면 큰맘 먹고 제대로 해라, 어차피 하는 거 확실하게 하면 얼마나 좋을까, 바라고 있어요.

---

* 2021년 4월 법무부는 미등록 장기체류 외국인 아동에게 조건부로 체류자격을 주겠다고 발표했다.

정직한 한 사람이 중요해요

태어난 건
죄가 아니잖아요

—

카림

이주아동

카림

이주아동

1999년 우즈베키스탄 태생. 한국을 오가며 사업을 하던 우즈베키스탄 출신 부모를 따라 2003년에 한국에 왔다. 당시 카림 네살, 달리아 두살. 셋째와 넷째는 한국에서 태어났다. 사남매가 같은 초등학교를 다녔고 모두 국어와 역사를 좋아한다. 이슬람교도다.

우리 남매가 전교생의 3분의 1

저는 네살 때 부모님과 한국에 왔어요. 아빠가 제가 태어나기 전부터 한국에서 물건을 떼다 우즈베키스탄에 파는 일을 하셨어요. 초기에는 작게 사업을 하시다가 여기서 계속 일할 기회가 생겨서 동생까지 네 식구가 같이 한국으로 오게 됐고요. 저희 형제가 넷인데 셋째와 막내는 한국에서 태어났어요. 처음에는 경기도에 살다가 제가 초등학교 2학년 때 이곳으로 왔고요. 아빠는 현재 목장 관리하는 일을 하세요. 우즈베키스탄에 살 때부터 집에서 말을 키우셨고 한국에 오고 나서도 말 목장 관련 일을 하셨어요.

저희가 다닌 초등학교가 굉장히 작았어요. 제가 6학년 때 전교생이 총 열두명이었으니까 저희 네 형제가 전체 학생의 3분의 1을 차지한 셈이죠. 선생님들 모두 저희에게 친절하게 대해주셨어요. 제가 초등학교 졸업할 때 졸업생이 세명이었는데 막내가 6학년 때 네명 다녔나? 그 아이들까지 졸업하고는 초등학교가 폐교됐어요.

저는 글 쓰는 걸 좋아했어요. 혼자서 이런저런 글을 많이 썼어요. 초등학교 다닐 때 전국 규모 통일 글짓기 대회에 나가서 동상을 타기도 했어요. 중학교 때도 글짓기 대회에 참가해 상을 받았고요. 스스로 글을 좀 잘 쓰나보다, 재

태어난 건 죄가 아니잖아요

능 있나보다 하는 생각도 했죠. 그러다가 전교생이 백명쯤 되는 고등학교에 진학했더니 수준 높은 애들이 많은 거예요. 그때 알게 됐어요. 내가 다른 애들에 비해 엄청나게 글을 잘 쓰는 건 아니구나. 재능의 벽을 느꼈죠.

교과목 중에는 역사를 제일 좋아했어요. 어릴 적부터 엄마 옆에 앉아 사극을 봤어요. 엄마가 「대장금」을 되게 좋아하셨던 게 기억이 나요. 처음에는 사극에 나오는 한복이 너무 예쁘고 전통 가옥들도 정말 멋있어서 '나도 저런 옷 입고 저런 곳에서 살아보고 싶다'는 생각을 했어요. 한국사에 관심이 생겨서 역사책을 많이 읽었는데, 역사 속 재미난 사건들을 접하면서 역사에 더 깊게 빠져들게 됐어요.

역사 시간에 제가 선생님 질문에 대답을 잘하니까, "카림이는 따로 역사 공부하니?" 하고 물어보시고 칭찬도 해주셔서 더 흥미를 느꼈던 것 같아요. 교육청에서 주최하는 통일 골든벨, 역사 골든벨 대회 같은 것들이 있을 때마다 저희 남매가 선생님 추천으로 학교 대표로 나갔어요. 그래서 학교 친구들이 저희가 외국인이라는 이질감을 전혀 안 느꼈던 것 같아요.

"너희와 카림이는 달라"

우리 가족이 비자가 없다는 건 어릴 때부터 알았어요. 부모님이 얘기하시는 걸 들었거든요. 당시에는 크게 신경 쓰지 않았어요. 문제의 심각성을 몰랐던 거죠. 몇가지 사건이 있었어요. 그중 하나가, 고등학교 1학년 때 대학 탐방을 겸한 캠프를 가게 됐어요. 진로 선생님이 보험에 가입해야 한다면서 주민등록번호를 물어보셔서 "없는데요?" 했더니, 선생님이 저보고 "너 대학 못 갈 수도 있다"라고 말씀하시더라고요. 이게 사소한 문제가 아니라는 걸 처음 알게 됐어요.

대학 입시 준비할 때 자격증 시험을 보잖아요. 고등학교 2학년 때 역사선생님이 아이들 몇명을 모아서 한국사능력검정시험을 보라고 추천해주셨어요. 그런데 저는 주민등록번호가 없어서 시험을 못 봤어요. 조금 아쉬웠죠. 친구들과 같은 수업 받고, 같은 사람이라고 생각하며 지냈는데 신분증이 없다는 게 어떤 건지 실감이 나면서 혼자 뒤떨어진 것 같았어요.

고등학교 3학년이 되면서 수능을 거의 포기했어요. 저도 고등학교 1, 2학년 때는 생활기록부도 열심히 관리하고 어느 대학 갈지 고민하고 있었죠. 그런데 대학에 못 간다는 게 확실해진 후로 점점 학교 공부는 손놓고 수업 시간에 아

태어난 건 죄가 아니잖아요

예 다른 책을 보거나 공부 포기한 다른 애들이랑 같이 놀았어요. 저는 프랑스 작가 기욤 뮈소를 좋아해요. 3학년 때 수업 시간 내내 기욤 뮈소만 읽었어요. 기욤 뮈소 소설에는 로맨스가 있고 추리가 있어요. 그리고 작품마다 인물들의 직업이 정말 다양해요. 심리학자, 사진작가 등 직업에 관련된 내용으로 추리하는 게 흥미롭더라고요. 일본 작가 히가시노 게이고도 좋아해요. 요새는 일하고 오면 피곤해서 책 보기 힘들지만요.

한번은 저를 포함해 입시 포기한 애들이 모여서 놀다가 옆반 담임선생님한테 걸렸는데, 선생님이 애들한테 "너희와 카림이는 달라"라고 하시는 거예요. 저 말고 다른 아이들은 그래도 공부해야 된다는 의미죠. 직접적으로 말하지는 않았지만 숨겨진 뜻을 알았어요.

그동안 만난 선생님들은 거의 다 좋은 분이었어요. 고등학교 3학년 담임선생님은 제가 방황하고 대학 안 간다고 할 때 괜찮다며 다독여주셨어요. 너는 요리를 잘하니까 푸드트럭 같은 거 하면서 돈 좀 벌고, 대학은 나중에 체류권 나오면 가면 된다거나, 아니면 한국 사람과 결혼해서 국적을 받는 건 어떻냐는 얘기도 해주시고요.

저를 고등학교 1학년 때부터 봐오신 선생님도 제가 공부를 놓은 걸 아시고는 카림이가 이런 애가 아닌데 왜 이렇게 됐냐고, 대학 못 가는 것 때문에 그러냐고 걱정하시면서 나중에 법이 바뀔 수도 있으니까 공부 계속하라고 설득하셨어요. 우선 졸업하고 일을 하다가 대학은 나중에 가도 된다, 대학에는 나이 제한이 없다고요. 솔직히 당시에는 그런 말이 귀에 들어오지 않았는데 고등학교 졸업할 때쯤 되니까 후회가 되더라고요. 공부를 계속 해둘걸 하고요.

친구들과는 어느 정도 선을 두고 지내는 편이에요. 제가 우즈베키스탄으로 돌아갈 수도 있고 체류자격이 없는 게 좀 부담스러워서요. 친구들과 밥 먹고 영화 보고 노는 정도지 깊은 얘기는 잘 안 해요. 제 친구들은 고등학교 졸업하고 나서 거의 군대에 갔어요. 그 친구들은 제가 역사랑 국어를 학교에서 제일 잘했다는 걸 기억하니까 저한테 그래요. "너는 나보다 한국어 잘하는데 왜 군대 안 가냐?"

반정부 활동한 부모님 난민 신청했으나 불인정

아빠 엄마가 태어난 나라가 독재 국가예요. 엄마가 정치에 관심이 많으셔서 대학 다니면서 학생운동을 하셨어요. 그러면서 아빠도 만났고요. 그때 같이 학생운동을 하던 친구가 경찰에 체포됐다는 이야기를 들었대요. 외할아버지 친구분이 독재 정권에 반대하는 당 대표였고, 주변에 반정부 인사들이 여러명 계셨는데 실종되는 일도 있었어요. 몇분은 노르웨이나 스위스 같은 유럽 쪽으로 도망가서 난민이 됐죠. 엄마의 지인 중에 외국에 오래 있다가 귀국한 분이 계신데, 왜 외국에 오래 있었냐면서 조사를 받기도 했대요. 그래서 저희도 본국으로 돌아가면 어떤 일이 일어날지 모르고 위험하다고 생각해서 한국에 남기로 결정하신 거예요.

제가 고등학교 2학년 때 아빠 엄마가 난민 신청을 했어요. 그런데 그동안 한국에 비자 없이 10년을 체류했기 때문에 난민 신청서를 검토하려면 먼저 벌금을 내야 한대요. 6천만원을 벌금으로 내라는 거예요. 신청서에 저희 집 주소가 적혀 있었기 때문에 벌금을 안 내면 잡혀갈 수도 있는 상황이 된 거예요. 그래서 돈을 구할 때까지 거의 한달을 학교도 못 가고 산속에 숨어 지냈어요. 아무리 돈을 모은다고 해도 6천만원은 너무 큰돈이잖아요. 그래서 힘들겠다 하고 있는데 갑자기 깎아주겠다는 거예요. 3천만원인가? 반만 내라고요. 모아둔 돈, 빌린 돈, 다 합쳐서 벌금을 냈어요. 그러고는 제가 고등학교 3학년 때 다시 난민 신청을 했는데 불인정됐어요. 출신국에서 탄압을 받을 만한 증거가 없다는 게 이유였죠.

솔직히 입시를 앞두고는 부모님 원망을 좀 많이 했어요.

부모님은 대체 지난 10년 동안 뭘 했기에 아직까지 이 문제가 해결이 안 됐을까. 해결이 안 된 게 부모님 탓은 아닌데, 제일 편한 분들이니까 원망했던 것 같아요.

장남이라서 마음 잡는다

장남이라서 물론 힘들지만, 오히려 더 좋은 것도 있어요. 대학 진학이 불가능하다는 걸 알았을 때 만약 저 혼자였거나 막내였다면 다 포기하고 막 나갔을 것 같아요. 하지만 장남이라서, 나중에 동생들이 대학에 갈 수 있게 되면 첫째인 제가 동생들 뒷바라지를 해야겠다는 생각으로 마음을 다잡고 일을 시작할 수 있었어요.

요즘은 건설 현장이나 농산물센터에서 일해요. 고등학교 졸업하고 석달쯤 후부터 일을 나가기 시작했어요. 이 동네에 오래 살았고 다 아는 분들이니까 알음알음으로 일을 구해요. 저에게 일 배워볼 생각 있느냐며 같이 서울 가자시는 분도 계셨는데 제가 신분증이 없으니까 4대보험도 안 되고… 결국 못 갔어요. 아빠는 저한테 기술을 배우는 게 어떠냐고 말씀하세요. 저도 어른이 됐고 먹고살아야 하니까요. 그런데 기술을 배우면 자격증을 따야 하는데 신분증이

161   태어난 건 죄가 아니잖아요

없으니까 또 안 되잖아요. 매번 같은 곳에서 막혀요. 할 수 있는 일이 되게 한정적이에요.

같이 일하는 분들은 좋아요. 지금 일하는 데가 다 친구들 아빠거나 아는 분들이에요. 저를 잘 알아서 밥 먹을 때도 신경 써주세요. 카림이 돼지고기 못 먹으니까 다른 거 시켜야 된다면서 새우튀김 같은 해산물 종류로 주문해주시고요. 회식하면 맨날 삼겹살 먹으러 가는데 카림이 있으니까 장어 먹자고 메뉴를 바꿔주세요.

한국에서 좋은 분들을 많이 만났어요. 전에 살던 동네에서 성당 다니시는 치과의사 선생님이 저희를 공짜로 치료해주셨어요. 그쪽도 아이가 다섯명이거든요. 중학교 때는 저한테 카림이 체류권 정 안 나오면 자기 호적에 올리자고 하신 적도 있고요.

저희가 경기도에 살 때 동생들이 태어났는데, 출산할 때 병원에 못 가니까 엄마가 아는 수녀님께서 병원을 연결해주셨어요. 그때 저희가 다 어려서 엄마가 산후조리하시는 동안 수녀님 댁에 가서 지내기도 했고요. 대학에 갈 수 있으면 보태라고 대학 등록금도 보내주셨는데… 그리고 난민 신청할 때 동네에서 저희 사정을 아는 분들에게 탄원서를 부탁했는데 다 써주시는 거 보고 진짜 감동받았어요. 감사한 분들이 너무 많아요.

태어난 건 죄가 없다

학교 다닐 때는 특별히 차별을 당하거나 놀림받지 않았어요. 중학교에 입학했을 때 외국인이 저 혼자여서 그 학교의 선배들까지 다 와서 보고 신기해했어요. 약간 부끄러웠지만 그래도 뭐 지내다보니까 괜찮아졌죠. 학교 친구들이 제가 영어로 말할 줄 알았는데 한국말을 해서 신기했다고 얘기하더라고요. 어떤 애들은 제가 이슬람교도인 걸 알고 '너랑 같이 IS나 할까' 이런 식으로 장난도 치고요. 인터넷이 발전하면서 사람들이 다양한 종교가 있다는 걸 알게 되니까 편견이 점점 사라지는 것 같아요. 느껴져요. 또 차별이 사회적 문제로 언급되고 인식되면서 사람들이 말을 더 조심하는 것 같기도 하고요.

인터넷 댓글 보면 한국 아이들에게나 더 잘해라, 외국 아이들한테 뭐 하러 신경을 쓰느냐는 말도 많더라고요. 이주노동자들 때문에 한국 청년들의 일자리가 줄어든다고도 해요. 그런데 여기만 해도 농사짓는 분들이 많은데 항상 일손이 부족해요. 외국인 노동자들이 많이 와서 채워줘요. 농촌에는 여전히 일자리가 많거든요. 젊은 사람들이 없을 뿐이지.

태어난 건 죄가 아니잖아요

저희가 우즈베키스탄으로 돌아간다고 뭘 할 수 있는 게 아니에요. 부모님한테 배워서 말만 할 줄 알지 글자도 못 읽고 못 써요. 솔직히 돌아가면 적응을 못할 것 같아요. 저희는 한국에서 평생을 생활하고 있잖아요. 태어난 건 죄가 없는데 왜 차별당하고 고통받고 꿈도 못 이루고 살아야 하는지 솔직히 이해가 잘 안 돼요. 최소한 제 동생들, 여기서 태어난 사람만이라도 체류자격이 주어지면 좋겠다는 생각을 많이 해요. 아빠가 아는 분들 중에도 미등록 이주민이 있는데, 잡혔다는 소리를 들을 때마다 불안하죠. '난 도대체 언제…' 그래도 여기는 시골이라서 안전한 편인데 나중에는 어떻게 될지 약간 겁이 나요.

사람은
그냥 사람이죠

—

달리아

이주아동

달리아

이주아동

2001년 우즈베키스탄 태생. 부모님, 오빠 카림과 함께 2003년 한국에 왔다.

긴 치마 교복에 히잡 쓰고

초등학교에 입학했을 때 제가 히잡을 쓰고 있으면 친구들이 다 물어봤어요. "어? 이거 뭐야?" "너 왜 이거 써?" 종교가 이슬람교라서 그렇다고 얘기해주었죠. 요새는 교과서에도 나와서 "그거 히잡이지?" 이렇게 말하는 애들이 많아졌어요. 가끔 히잡 쓴 걸 처음 보는 사람들은 왜 쓰냐고, 벗으라고 해요. 여기는 한국이니까 안 써도 된다고요.

　이슬람 여성은 짧은 옷을 입으면 안 돼요. 여름에는 교복 안에 꼭 긴 팔토시를 입어요. 치마도 짧은 건 못 입으니까 긴 치마를 구해서 입었어요. 제가 선생님한테 짧은 걸 못 입어서 긴 치마로 대체해도 되냐고 물었더니 이해해주셨어요. 히잡도 교복 넥타이가 잘 보이도록 셔츠 안에 넣어서 썼어요.

　초등학교 때 영양사 선생님은 저희를 위해서 고기 안 들어가는 급식 메뉴를 따로 만들어주셨어요. 저희 남매가 네 명이니까 배려해주신 거죠. 다만 현장학습을 가면 단체로 주문한 음식을 먹게 되잖아요. 그러면 그냥 밥만 먹을 때도 있었어요.

　주변 사람들은 저희를 그냥 같은 사람으로 봐줘요. 옷차림이나 먹는 게 조금 다른 것 말고는 크게 다른 점이 없잖아요. 사람은 그냥 사람이죠. 생김새가 좀 다르고 나라가 다르고 문화가 다르지만, 다 밥 먹고 화장실 가는 똑같은 사람이다, 이렇게 생각하면 이해할 수 있지 않나요? 오히려 같이 생활하고 어울려보면 괜찮은 것 같아요. 그 기회가 없으면 모르니까 차별하죠.

친구 관계에 어려움은 없었어요. 저는 오빠 덕도 있는 것 같아요. 오빠랑 같은 학교를 다니니까 처음 보고도 "너 카림이 동생이지?" 하고 금방 알아봐요. 저희가 계속 여기서 살았고 한국 문화에 익숙해져서 친구들도 우리를 보고 '다 똑같네' 하고 생각했던 것 같아요.

친구들과 대화를 많이 해요. 요새 무슨 일이 일어나고 있는지부터 연예인 얘기, 드라마 얘기, 학교 얘기도 하고요. 친구들이 저한테 고민을 털어놓기도 해요. 남자친구 문제나 학업 문제 같은 거요. 그런 걸 보면서 '다들 똑같구나' 하는 생각이 들죠. 제가 들어주는 걸 잘해서 애들이 많이 찾는 것 같아요.

저도 초등학교 때 저 포함해서 총 세 명이 졸업했어요. 그 애들과 고등학교까지 같이 다녔는데 그 친구들은 다 대학에 진학하면서 해당 지역으로 갔죠. 지금도 연락이 닿아요. 학교 친구들은 저희가 미등록인 걸 몰라요. 그래서 "너 한국 사람이잖아" 이렇게 말해요.

선생님들이 경험할 기회 마련해주셨죠

그동안 만난 선생님들이 정말 좋았어요. 저는 두살 때 한국에 왔는데 초등학교 들어가면서 한국말을 배웠거든요. 선생님이 고생을 많이 하셨죠. 제가 알아듣긴 하는데 말하기나 쓰기는 잘 못해서 선생님이 교과서나 문제를 읽어주셨어요. 한국말을 못할 때는 애들이 왜 말 안 하냐고 좀 놀렸는데 같이 지내다보니까 점차 나아졌어요. 처음에 그런 것 말고는 친구들이 다 친절하게 대해줬어요. 한국말도 자연스럽게 배우게 됐고요.

초등학교 때 제주도로 수학여행을 갔어요. 저희는 비자가 없어서 비행기를 탈 수 없거든요. 그런데 선생님들이 다 해결해주셨어요. 알고 보니 현장학습도 보험이 필요해서 원래는 못 가는 건데, 선생님이 애써주신 줄도 모르고 당연히 갈 수 있는 건 줄 알았어요. 선생님들 도움이 정말 컸죠. 중학교부터는 따로 신청해야 해서 우리의 상황을 실감하게 됐어요.

중학교 때 국어선생님이 기억에 남아요. 저희는 뮤지컬이나 연극 같은 공연 예매를 못하잖아요. 선생님께서 공연이 있으면 공짜로 다 데려가주셨어요. 경험해보라고요. 진짜 잘 챙겨주셨죠. 또 저희가 주민등록번호가 없어서 장학금은 아예 생각도 안 했는데 장학금도 꽤 많이 받았어요. 마을의 향우회, 어머니회 같은 곳에서 저희를 추천해주셔서 장학금 받고 걱정 없이 공부할 수 있었죠.

한국말로 시 써요

저도 오빠처럼 국어 과목은 거의 1등을 했어요. 선생님들도 반 친구들에게 다른 나라에서 온 달리아가 너네보다 잘한다고, 너희 더 열심히 해야 하는 거 아니냐고 그랬어요. 저는 어릴 때부터 항상 책을 봤거든요. 자연스럽게 국어 과목을 제일 좋아하게 됐어요. 선생님들이 늘 칭찬을 해주시니더 잘해야겠다는 생각이 들어서 공부를 열심히 했죠.

시는 중학교 때 선생님의 권유로 쓰기 시작했어요. 그러면서 시집을 많이 읽게 됐고 지역에서 열리는 시 대회도 나갔어요. 처음에는 미등록 신분 때문에 못 나가는 줄 알았는데 그것도 다 선생님이 나갈 수 있게 해주셨어요.

시는 함축적으로 표현할 수 있다는 점이 좋아요. 짧은 글에 제가 담고 싶은 걸 많이 담을 수 있잖아요. 그런 게 신기하고 표현이 더 풍부해지는 느낌이 들어서 재밌었어요.

저는 백석 시인을 좋아해요. 중학교 3학년 때 국어선생님이랑 되게 친했는데 그 선생님이 백석 시인을 좋아하셨어요. 저한테 시를 하나 보여주시면서 어떻게 생각하느냐고 물으시더라고요. 아, 맞아요. 「나와 나타샤와 흰 당나귀」였어요. 제가 좋다고 대답했고, 그때 선생님과 얘기를 많이 했던 기억이 나요. 선생님이 글쓰기도 한번 해보라고 하셔서 글쓰기도 같이 했죠. 창의주제활동 수업 시간에 대회 나가는 애들 모아서 산문도 쓰고 시도 쓰고요. 저는 주로 시를 썼어요.

제가 쓴 시를 다른 친구들이 읽고 나서 무슨 뜻이냐고 물어보는 게 좋더라고요. 저는 시에다가 뭔가를 숨겨놓거든요. 비유를 많이 써요. 저희는 과목별로 시를 썼어요. 과학 시간에 무엇이 쌓이는 걸 퇴적이라고 한다는 걸 배우면, 그걸 응용해 시를 써보는 거예요. 나중에 친구들한테 이걸 표현한 거라고 말해주었을 때 "아! 그렇구나!" 하면 그게 정말 재밌었어요. 이야기하는 것도 좋아해서 시 한편을 두고 함께 이야기를 나누는 게 좋아요.

물론 창작의 고통도 있죠. 시를 쓴다는 건 힘든 일이에요. 쓰기 전에는 '오! 이런 거 되게 좋겠다' 하는 생각이 드는데 막상 쓰기 시작하면 뭔가 문장이 이상하고 마음처럼 잘 안 돼요. 그럴 때는 여러개를 써봐요. 같은 내용인데 다

사람은 그냥 사람이죠

른 표현으로 써서 그중에 좋은 걸 골라요.

선생님께서 외국인이 한국어로 시를 쓴다고 칭찬해줬을 때 정말 좋았어요. 아무리 한국에서 오래 살아도 한국의 문화를 이해하고 표현하는 게 어려운 건데 넌 정말 잘한다고 해주셨거든요. 제 경험도 글로 써보면 좋을 것 같아요. 석원정 선생님도 이주민으로서의 한국 생활을 글로 써보라고 말씀하셨어요. 써보고 싶긴 한데 약간 막막해요. 제가 잘 쓸 수 있을까요?

모이면 대학 얘기, 고3 생활 길었다

오빠가 대학을 갈 수 없다는 현실이 저에게는 그다지 와닿지가 않았어요. 제가 대학 갈 때쯤에는 체류자격이 생겨서 당연히 갈 수 있을 거라 생각했거든요. 그런데 입시까지 1년이 남았는데 여전히 자격이 없는 거예요. 친구들이 대학 입시 준비하면서 나는 어디 갈 거다, 너는 어디 갈 거냐, 얘기하는데 그때 진짜 학교 가기 싫었어요. 친구들은 모이기만 하면 대학 얘기를 하는데 저는 낄 수가 없어서요. 고3 생활이 너무 길었어요.

3학년 때 선생님이 한명씩 불러 진학 상담을 하잖아요.

그러면 애들은 되게 오래 하는 거예요. 저도 상담을 했는데 선생님이 "어떡하냐…" 이 소리만 하다가 10분도 안 돼서 끝나버렸죠. 애들이 왜 이렇게 빨리 나왔느냐고 물어봐서 저는 "아, 그냥" 하고 말았어요. 이후에도 친구들은 거의 다 면접 준비를 하는데 면접이 없는 친구가 있었어요. 그 친구가 저한테 "너도 면접 없어?" 하고 묻기에, "응" 이렇게 얼버무리고 넘어갔어요.

친구들이 저에게 왜 대학 안 가느냐고 물어보면 "아, 그냥…" 하면서 대답을 피했어요. 오빠한테 이럴 때 어떻게 했느냐고 물어보니까 오빠는 "공부를 12년이나 했는데 뭘 더 하냐" 이런 식으로 말했대요. 사실 오빠는 첫째니까 대학에 안 가나보다 하고 넘어갈 수 있어요. 그런데 저는 친구들이 오빠가 대학에 안 간 걸 다 안단 말이에요. 저까지 대학 안 간다고 하면 괜히 의심받을까봐 말을 못하겠는 거예요. 그래서 몇명은 제가 대학에 간 줄 알고 있고, 몇명한테는 더 좋은 대학 가려고 재수한다고 말했어요.

대학은 문예창작과나 시각디자인과를 가고 싶었어요. 제가 그림 그리는 것도 좋아하거든요. 고등학교 때 미술 동아리를 했어요. 활동적인 편이라서 학교에서 열리는 행사에도 적극적으로 참여했고, 현장학습도 반드시 신청을 했어요. 경험이 되게 중요하다고 생각하는데, 혼자 하는 건

사람은 그냥 사람이죠

한계가 있으니까 학교에서 기회가 주어졌을 때 최대한 많이 해보고 싶어서요. 한번은 서울로 현장학습 가는 게 있었는데 보니까 주민등록번호를 써야 하더라고요. 친구들이 저보고도 신청하자고 했는데 안 가고 싶은 척했어요.

친구들은 제가 미등록 상태인 걸 잘 몰라요. 혹시 알면 신고할 수도 있으니까 겁도 나고요. 저를 늘 한국인으로 생각해왔는데 갑자기 말하면 친구들이랑 멀어질 것 같아서 안 했어요. 친구가 자기 친구를 소개해줘도 잘 안 친해지려고 해요. 아는 사람이 많을수록 더 위험할 것 같아서요.

한번은 학교에서 다 같이 영화를 본 적이 있는데요. 그 영화에서 불법체류자를 나쁘게 묘사했어요. 영화 마지막에는 그 사람이 나쁜 짓을 한 게 아니었다는 게 밝혀졌는데, 그전까지 나쁘게 한 것처럼 몰아갔어요. 저는 눈치가 보이는 거예요. 영화를 보고 나와서 친구들이 막 나쁜 말을 하고 욕하는 걸 듣고 더더욱 숨겨야겠다고 생각했죠.

동생들에게 희망을

지금 셋째랑 넷째가 고등학교 2학년, 1학년이에요. 오빠랑 제가 대학을 못 가서 동생들도 걱정은 하는데 그래도 공부

열심히 해요. 저랑 비슷하게 '내가 대학 갈 즈음에는 자격이 생길 거야' 생각하면서요. 체류자격이 없는데 어렵게 학교 측의 허락을 받아내 대학에 입학한 사례도 있다고 해요. 동생들이 "나는 공부를 잘할 거야" "내가 우리 가족 먹여 살릴 거야" 이렇게 말해요.

특히 셋째가 공부를 열심히 해요. 셋째는 농구도 잘하고 축구도 잘하고 운동을 좋아하는데 운동보다는 공부 쪽이 더 선택의 폭이 넓을 것 같다고 스스로 판단을 한 거예요. 셋째가 주짓수 할 때 스파링 하다가 쇄골이 부러진 적이 있어요. 병원비가 엄청 많이 나왔어요. 한 300~400만원 정도였을 거예요. 그것도 원래는 700만원인데 저희 사정을 아는 병원이라서 좀 깎아줬어요. 그게 제일 억울했어요. 저희가 보험이 안 되니까 다치면 안 되는 거예요. 운동하면 다칠 일이 많잖아요. 그래서 동생이 운동을 포기하고 공부를 선택한 걸 수도 있어요.

병원 가는 건 평소에도 힘들어요. 한창 코로나19가 심했을 때 제가 몸살이 나서 병원을 갔어요. 원래는 주민등록번호 안 쓰고 그냥 비싼 돈 내고 진료받았었거든요. 이제는 코로나19 때문에 의료보험 없으면 아예 진료를 안 해준대요. 비보험으로 하겠다고 해도 안 된다고 해서 그냥 집에 돌아와서 약만 먹었어요.

사람은 그냥 사람이죠

그래도 한국에 온 건 좋은 것 같아요. 엄마가 가끔 우즈베키스탄 상황이나 사람들 얘기를 해주는데 상황이 많이 안 좋은 것 같아요. 한국의 1950~60년대 같은 느낌이에요. 사회 분위기가 남자들은 해외로 보내서 외화 벌어오게 하고, 여자들은 결혼이 인생 목표처럼 돼 있는 것 같아요. 독재 정권이기도 하고. 전기를 나라에서 관리해서 갑자기 공급을 중단하기도 한대요. 그런 얘기 들으면 저희는 그래도 학교도 제대로 다녔고 비교적 많은 걸 배웠고, 여기는 인터넷도 빠르니까 더 넓은 세상을 볼 수 있었잖아요. 삶의 질이 높아졌죠. 우즈베키스탄에서는 여자는 조신하게 집에 있다가 빨리 결혼하라는 말을 많이 들어요. 여자들이 20대 초반이면 거의 결혼해서 엄마 친구들은 다 손주가 있대요.

그런데도 저희 엄마 아빠 두분 집안은 교육열이 높았대요. 특히 엄마 집안은 자식들 다 대학은 보내자는 마인드였다고 해요. 외할아버지가 작가예요. 책도 쓰시고 드라마 대본도 쓰시고요. 외할아버지는 살아계셔서 가끔 영상통화나 전화통화를 해요. 외할아버지가 우즈베키스탄 텔레비전에 나왔다고 보내주신 적도 있고요. 엄마는 국어선생님이 되고 싶었는데 대학 졸업하고 바로 결혼해 한국에 오게 되어서 선생님을 못하게 됐거든요. 부모님이 저희에게 책 많이 읽으라는 말씀은 하시는데 강압적으로 공부하라고 하진 않아요. 자기가 알아서 할 줄 알아야 된다고 하시죠.

사회는 더 낮게 변할 것이다

3월이 되니까 대학 간 친구들이 대학 캠퍼스 사진 올리고 이렇다 저렇다 얘기하면 약간 부럽기도 해요. 친구들이 이제 스무살 됐다고 술집에서 만나거든요. 술집은 미성년자인지 확인하려고 신분증 검사를 하잖아요. 그래서 전 안 가요. 전에는 학생증이 신분증이었는데 졸업하니까 아무것도 없어요. 가끔 친구들 만나러 나가도 밥만 먹고 빠지고요. 제가 신분증이 없어서 통장을 못 만들잖아요. 친구들이랑 같이 뭐 먹고 돈 나눠서 낼 때, 계좌이체 해준다고 하면 제일 곤란해요. 제 계좌가 없으니까. "그냥 현금으로 줘"라고 말하죠. 좀 다행이었던 건 다른 친구 하나도 계좌가 없었어요. 그래서 저만 유별나게 더 이상해보이지는 않았던 것 같아요.

저는 2월에 학교 졸업하고 지금은 그냥 집에서 쉬고 있어요. 친구들이 편의점 아르바이트를 많이 해서 저도 해볼까 했다가 서류를 작성해야 되니까 못했어요. 앞으로는 영어 공부를 좀 해보려고 해요. 인터넷에 어학 자료가 많아서

사람은 그냥 사람이죠

독학으로 할 수 있거든요. 저는 꿈이 두개 있어요. 대학 가는 거랑 해외여행 가는 거요. 세상을 폭넓게 경험하고 싶어요. 그러려면 영어를 알아두면 좋겠죠?

힘들 때는 혼자만의 시간을 가져요. 방에 들어가서 드라마나 유튜브 틀어놓고 그냥 아무 생각 없이 보고 있으면 또 금방 잊어버리게 돼요. 넷플릭스나 왓챠는 카드결제를 해야 해서 가입을 못해요. 요즘은 『한중록』을 읽어요. 유아인이 나온 영화 「사도」를 재미있게 봤었거든요. 관련 책을 찾아서 보고 있어요. 사도세자가 안타깝더라고요. 저는 어렸을 때부터 학교 도서관을 자주 갔어요. 아마도 학생들 중에 제가 도서관을 제일 많이 갔을걸요? 책 냄새가 너무 좋았어요. 지금 사는 집 앞에 동네 도서관이 있는데 코로나19 때문에 문을 닫았어요. 거기 가면 햇살 딱 들어오는 자리가 있는데 거기서 책 읽는 걸 참 좋아했거든요.

우리 사회는 사람들이 만들어가니까 앞으로 더 낫게 변할 거라고 생각해요. 전에는 저희가 지나가면 길에서 이유 없이 화내시는 분들이 있었어요. 한번은 엄마랑 제가 뭘 사고 계산을 하는데 모르는 사람이 뜬금없이 "너네 나라로 돌아가"라고 한 적도 있어요. 어렸을 때는 그게 너무 충격이었는데, 요새는 저희를 봐도 "어, 히잡이다" 이 정도예요. 조금이라도 달라지는 게 보여서 더 좋아질 거라는 희망을 갖게 되죠. 살면서 좋은 사람이 많다는 것도 알게 됐고요.

한국분들이 정이 많아요. 저희가 시골에 살아서 그런 건지 모르겠는데, 어른들도 모임 있으면 저희 엄마가 혼자 계시니까 불러주시거나 아니면 김치를 담가서 나눠 주시거나 음식을 갖다 주기도 하세요. 저희 식구들 다 김치를 잘 먹어요. 집에서 먹는 음식은 한국식 반 우즈베키스탄식 반 정도인 것 같아요. 떡볶이도 해먹고, 엄마가 닭볶음탕도 해주고, 막냇동생이 감자채볶음을 하기도 하고요.

엄마가 그러는데 우즈베키스탄에 돌아가도 외국에 오래 살다 온 사람들은 계속 간섭을 받는대요. 저희가 미등록 아동이 되고 싶어서 된 건 아니잖아요. 부모님도 마찬가지고요. 주민등록번호 받는다고 악용할 것도 당연히 아니고요. 더 좋은 일을 할 수도 있는 거고요. 그래서 체류자격을 얻으면 좋겠어요.

사람은 그냥 사람이죠

하늘

—

달리아

푸르게 치장한 오늘,

그들이 나만큼이나 행복한 날이었으면 좋겠습니다

적당한 햇볕에 알맞게 뜬구름이,

적당한 온기에 알맞게 부는 바람이,

흐르는 공기 속에 담긴 내 마음이

그들 마음에도 닿기를 바랍니다.

작게 보이는 저 별들

바삐 움직이는 나의 행성들

모두가 무사히 오늘을 보낼 수 있기를 바랍니다.

하루가 지나가기 전엔

숨어 있을게요.

조그마한 비밀을 말할 수 있게

잠시 기다릴게요.

언제든 그 마음 전할 수 있게.

바위섬 하나

—

달리아

온통 바위로 가득한 거친 섬 하나가
그 어느 바다보다 맑아지는 지금, 새싹 하나가 자라났다.

온통 바위로만 가득하던 섬 하나가
제 자신을 가져가려는 파도에도 꿋꿋이 그 자리에 머문다.

바다로 둘러싸여 텅 비어 있는 섬 하나는
처음으로 외로우면 어찌하나 서툰 걱정을 한다.

새싹 하나가 피어나
바위섬 하나에 꽃이 피어났다.

이건 사는 것도
안 사는 것도 아니에요

—

인화

이주아동 부모

인화

이주아동 부모

1962년 몽골 태생. 1996년 이혼 후 생계를 위해 다섯살 난 아들 호준(1992 년생)을 데리고 한국에 들어왔다. 정규교육 과정을 마치고 미등록 장기체류 청년 노동자가 된 호준은 2020년 법무부와 고용노동부 방침에 따라 자진출국 뒤 재입국 심사 기회를 가질 예정이었으나, 코로나19로 인한 항공편 결항으로 출국 유예 중이다.

꿈 많은 러시아 유학생, 결혼 후 제약회사 근무

세월 참 빠르네요. 저는 1996년에 다섯살짜리 아들을 데리고 한국에 왔어요. 25년이 됐네요. 그때 다섯살이었던 아들이 지금은 고등학교 졸업한 지도 벌써 10년이 지났어요. 아이가 어렸을 때도 물론 힘들었지만 성인이 돼서도 어려운 점이 많아요. 일단 비자가 없으면 아무것도 안 돼요. 카드도 못 만들고, 운전면허도 못 따고, 대학도 못 가고요. 가끔은 내가 괜히 아이를 한국에 데려와서 이렇게 힘들게 살게 하는구나 싶어 너무 미안해요. 젊은 사람이 이렇게 사는 건 좀 아닌 것 같아요.

그동안 여기저기에서 인터뷰를 많이 했어요. 제가 목소리를 내면 우리의 문제를 한 사람이라도 더 알게 되지 않을까, 목소리가 더 커지지 않을까 했던 거죠. 그래서 위에 있는 분들이 '아, 이런 문제가 있구나. 도와줘야겠다, 해결해야겠다' 하는 생각을 갖게 되면 좋겠어요.

저희 형제가 남자 셋 여자 셋 육남매예요. 저는 둘째 딸이고요. 아버지는 정신과 의사였어요. 몽골에서 좀 알아주는 사람이었죠. 대통령까지 진료하던 의사셨거든요. 아버지가 항상 하신 말씀이 "우리 딸들은 반드시 대학을 가야 한다, 여자도 남자하고 똑같이 살아야 한다"였어요. 아버지

이건 사는 것도 안 사는 것도 아니에요

가 보시기에 남자는 힘이 있으니까 딱히 공부할 마음이 없으면 대학 진학을 안 해도 그냥 군대 갔다 와서 취직하고 결혼해서 살아도 무방하다는 거예요. 그런데 여자는 아무래도 사회적으로 약자니까 꼭 대학을 나와야 한다, 대학을 졸업하면 그나마 조금은 당당하게 살 수 있고 자기 꿈을 이룰 수 있다고 하셨어요. 여자라고 해서 결혼하고 집에서 살림하며 애 낳고 키우고 사는 게 다가 아니라고.

여자 형제들은 다 대학을 갔고, 남자 형제들은 막냇동생만 대학에 갔어요. 아버지 돌아가실 때 막내가 일곱살이었거든요. 아버지가 안 계시니까 경제적으로 점점 어려워졌어요. 우리라도 공부시키자고 해서 우리 형제들이 막내의 대학 학비를 대줬어요.

저는 고등학교를 졸업하고 국비 장학생 자격으로 러시아 유학을 갔어요. 진로를 고민할 때 원래 아버지 따라서 의사가 돼야지 생각하고 있었어요. 언니도 몽골에서 의대를 다니고 있었거든요. 그런데 언니가 대학 생활을 너무 힘들어하더라고요. 그 모습을 옆에서 보니까 자신이 없어졌어요. 그래서 다음으로 생각한 것이 통역사였어요. 대통령들이 만나서 회담할 때 보면 뒤에 동시통역사가 있잖아요. 너무 멋있어 보이더라고요. 그렇게 여러 나라 다니면서 통역하면 좋겠다 싶었죠. 찾아보니 통번역대학도 들어가기가 만만치 않더라고요.

고민을 하다가 아버지한테 얘기했더니 아버지가 화학을 공부해보라고 권하셨어요. 화학은 어디서나 필요한 분야라서 10년, 20년 후에도 전망이 좋다, 대학이나 고등학교에서 화학을 가르쳐도 되고, 제약회사에 가도 된다고요. 아버지가 러시아에서 대학을 다니고 박사까지 마쳤거든요. 러시아를 좋아하셨어요. 저보고도 유학을 가라고 했죠. 비용은 나라에서 다 대줬고요. 몽골에서 공부를 잘하는 학생들은 대개 독일, 쿠바, 체코, 불가리아, 북한, 중국, 베트남, 라오스 같은 사회주의권 나라로 대학을 갔어요. 마침 저도 몽골에서 대학 다니기 싫었던 차였어요. 어디로든 가고 싶었어요. 떠나고 싶었죠. 러시아로 가서 화학을 전공했어요. 그러다 같은 학교에 다니는 남자를 만나서 임신하고 결혼했어요. 1년 휴학을 하고 몽골에 와서 딸을 낳고 다시 러시아에 가서 공부하고 졸업을 했죠. 그리고 몽골에 있는 제약회사에 들어갔어요.

"브로커한테 사기당해서 25년째 미등록이야"

1990년부터 몽골에서 민주화운동이 본격화됐잖아요. 제

이건 사는 것도 안 사는 것도 아니에요

가 1992년에 호준이를 낳았어요. 그해 사회주의가 무너지고 자본주의 체제로 전환되면서 몽골 사회가 혼란에 빠졌어요. 전에는 일하고 나라에서 주는 월급 받고 살았는데, 갑자기 일자리도 없어지고 사는 게 어려워졌죠. 1994년에 IMF 외환위기까지 터지면서 제가 다니던 제약회사도 문을 닫았어요.

어느 날 텔레비전을 보는데 한국에 가서 일을 하고 돈을 벌 수 있다는 광고가 나오더라고요. 그래서 저길 가보자, 했죠. 남편이 다니던 회사는 아직 운영하고 있었기 때문에 남편이 몽골에 남아 아이들을 돌보고 제가 한국에 가기로 했어요. 광고에 나온 에이전시를 찾아갔더니 500달러와 항공료를 내면 한국에 보내주고 2년 동안 일할 수 있는 비자도 만들어준대요. 돈을 빌려서 비용을 마련했고 1994년 11월에 한국에 들어왔어요.

입국할 때 한달짜리 관광비자를 받았어요. 브로커가 한국 사람이었는데, 비자 만료 전에 1년짜리 취업비자로 바꿔준다고 했어요. 거짓말이었어요. 연락도 안 되고 사라져버렸죠. 그 사람 통해서 한국에 온 사람이 한번에 50명씩, 총 네 차례 모집했으니까 합하면 200명인데, 다 속아서 미등록이 됐어요. 저도 그 사기꾼한테 당해서 지금 25째 불법체류자예요.

한국에 와서 처음에는 가죽옷 공장에서 일을 했어요. 솔직히 일이 힘든 것보다 한국말을 못하는 게 제일 힘들었죠. 자본주의 체제에서 일하는 것과 사회주의 체제에서 일하는 건 달라요. 적응을 못하겠더라고요. 그때 한국 브로커가 뭐라고 했냐면, 한국은 공장에서 사람이 버튼 한번 누르고 가만히 앉아 있으면 기계가 자동으로 다 한다면서 일도 쉽고 월급도 많이 준대요. 우리는 사회주의에서 살아가지고 자본주의에 대해서 아무것도 모르는 상태였어요. 순진하게 믿었던 거죠.

막상 오니까 완전 딴판이에요. '대체 이게 뭐지?' 사회주의 국가는 하루에 여덟시간만 일하고 잔업 같은 건 없거든요. 한국은 잔업해라, 토요일 일요일에도 일해라, 빨리빨리 해라. 또 계속 뭐라고 뭐라고 하는데 그 사람이 열마디 하면 나는 한두마디나 알아듣지 나머지는 못 알아들어요. 너무 답답하죠. 이렇게 저렇게 하라고 직접 시범을 보여주면 눈치로 따라하면서 일을 배웠어요.

정말 안 해본 일이 없어요. 가죽옷 공장 다음에는 김 공장에 다녔고, 중간에 일 없을 때 모텔 청소, 식당 주방일… 아무튼 이것저것 했죠. 내가 아무리 대학까지 나왔어도 한국에서는 배운 걸 써먹을 수가 없어요. 화학은 러시아어로 배웠으니까 한국에서는 무용지물이고, 학원에서 러시아어나 화학을 가르치는 건 비자가 없기 때문에 꿈도 못 꿔요. 그러니까 할 수 있는 일 아무거나 다 하는 거죠. 월급 50~60만원 받으면 500달러 환전해서 몽골로 보냈어요. 저는 5만원으로 한달을 생활하는 거죠. 애들이 어리니까 엄마가 없는 걸 힘들어하고 남편도 일해야 된다면서 식구들이 다 들어오라고 난리야. 그래서 1996년 2월에 다시 몽골로 갔어요.

몽골에 돌아갔더니 글쎄 남편이 여자가 생긴 거예요. 딸이 내 귀에다가 '엄마, 엄마 없을 때 어떤 여자가 와서 자고 갔어' 그래요. 딸은 초등학생이니까 이상하다는 걸 다 알죠. 남편이 자동차 엔지니어예요. 나중에 카센터를 차리자고 해서 그 돈을 벌 목적으로 제가 한국에 가서 일한 거거든요. 1년 넘게 매달 꼬박꼬박 돈을 보냈으니 이제 얼추 준비가 됐겠지 기대하고 왔는데 아무것도 안 돼 있는 거야. 내가 보낸 돈은 다 어디 있냐니까 투자했다가 날렸대요. 애들 보고 싶은 것 꾹 참아가면서 말도 안 통하는 남의 나라에서 고생고생 힘들게 일해 돈을 보냈더니 돈도 날려먹고, 거기다가 불륜까지… 너무 화가 나서 주체를 못하겠더라고요. 결국은 이혼했어요.

한부모 가정, 아들 키우며 유리 공장서 일해

이혼하고 나니까 제가 혼자 벌어서 애들을 키워야 되잖아요. 몽골은 여전히 상황이 좋지 않으니까 선택지는 또 한국밖에 없더라고요. 한국에서 1년 넘게 고생해봤으니 다시 가서 끝을 보자 싶었죠. 딸이 곧 중학생이 될 나이였는데 당시에는 아이가 한국에 가면 학교를 다닐 방법이 없었어요. 딸한테는 그냥 몽골에서 학교 다니라고, 엄마가 돈 벌어서 유학 보내준다고 했죠. 딸아이는 친정 엄마한테 맡기고 아들은 다섯살이라서 아직 엄마 손이 필요하니까 한국에 데리고 왔어요.

두번째로 한국에 와서는 유리 공장에 다녔어요. 한국에는 아는 사람도 없고 아이를 돌봐줄 사람도 없잖아요. 아이는 집에 혼자 두었죠. 텔레비전에 게임 연결해주고, 오줌 누라고 변기 챙겨주고, 음료수랑 초코파이 같은 거 쌓아놓고, 애가 밖에 나갔다가 사고라도 나면 큰일 나니까 문을 밖에서 잠그고 출근했어요. 집에서 공장이 뛰어서 2~3분 거리였어요. 쉬는 시간이나 잠깐이라도 여유가 생기면 뛰어가서 집 창문으로 아들을 봐요. 애가 어떤 때는 자고 있고, 어떤 때는 게임하고 있고, 어떤 때는 울고 있고. 애가 저를 보고는 "엄마" 하고 부르면서 창문 열면 "엄마 조금 이

이건 사는 것도 안 사는 것도 아니에요

따가 올게" 하면서 아들을 달래요. 안 울고 잘 있으면 엄마
가 아이스크림 사준다, 과자 사준다, 그러고 다시 공장으로
뛰어가는 거예요. 쉬는 시간에 다들 앉아서 쉬고 있어도 나
는 안 쉬어. 집에 달려가서 아이를 봤어요. 애가 엄마 따라
가겠다고 울고불고하는데 유리 공장이니까 위험해서 못 데
려갔어요. 공장 사장님도, 같이 일하는 젊은 사람들도 저를
많이 이해해줬어요. 얼른 집에 가서 아들 보고 오라고들 해
줬죠.

　한 8개월 정도 그렇게 지냈는데 주변 사람들이 애를 혼
자 두는 건 너무 위험하다고 유치원에라도 보내라고 하는
거예요. 동네에 있는 유치원들 알아봤는데 너무 비싸요. 어
떤 한국 아줌마가 교회 유치원을 가보라고 알려주더라고
요. 교회 몇군데를 가봤는데 그중 한곳에서 아이를 받아줬
어요. 원비의 3분의 1만 내고 교회 어린이집을 보냈어요.
도움을 준 좋은 사람들이 많았어요.

싸우지 않는 아이로 키웠다

호준이가 초등학교 들어갈 때인 2000년에는 비자 없는 애
들을 학교에서 받아주지 않았어요. 목사님이 초등학교에

찾아가서 교장 선생님에게 저희 사정을 말했죠. 이혼하고 아이 혼자 키우는 집이다, 사정이 딱하다고 했더니 교장 선생님이 승낙해서 호준이가 제 나이에 학교에 들어갈 수 있었어요.

2006년에 몽골에 한번 다녀오려고 했어요. 우리를 도와주시던 목사님과 공항에서 출국심사를 받는데, 출입국 담당 직원이 호준이한테 몽골에서 팩스로 받은 아빠 사진을 보여주면서 이 사람이 누구냐고 물어본 거예요. 다섯살 때 마지막으로 본 아빠 얼굴을 애가 기억할 리가 없죠. 모른다고 했더니 어떻게 아빠를 모를 수 있느냐며 윽박을 질러서 애가 울고. 출입국 직원이 이 상태로 나가면 재입국이 불가능하다고 해서 그냥 돌아올 수밖에 없었어요.

호준이는 자기가 체류자격 없는 걸 어릴 때부터 알았어요. 제가 매일 얘기했거든요. 사고 치면 절대 안 된다고. 남자아이니까 학교 들어가면 놀다가 싸울 수도 있고, 친구들이 한국인 아니라고 놀릴 수도 있고, 그러다 애가 참지 못하고 때릴 수도 있잖아요. 만약 경찰서라도 가게 되면 보호자인 제가 가야 하고 그러면 우리 둘 다 몽골로 쫓겨나게 되죠. 아이한테 친구들이 어떻게 해도 참아라, 아무리 네가 잘못이 없고 억울하고 때리고 싶어도 참으라고 교육을 시켰어요. 지금도 호준이는 절대로 누구랑 싸우지 않고 큰소

이건 사는 것도 안 사는 것도 아니에요

리도 안 쳐요. 호준이 키우면서 마음이 많이 아팠어요. 마음대로 할 수 있는 일이 하나도 없어요. 뭐라도 가르치려 해도 다 안 돼요. 인문계 고등학교를 다녔는데 돈도 없고 비자 없어서 대학도 못 보냈어요.

"엄마, 왜 이렇게 살아야 해"

저는 아이가 저를 다 이해해주고 이 상황을 받아주는 줄 알았어요. 그런데 호준이가 저를 원망한 적이 딱 한번 있어요. 호준이가 고등학교 졸업하고 이삿짐센터에서 잠깐 일을 했어요. 비자 없어도 젊은 남자애니까 받아준 거죠. 비자가 없으면 선택의 여지가 없어요. 그냥 받아주는 데서 일해야 돼요. 애가 일이 힘들었나봐요. 그분들은 이삿짐 일을 오래 한 사람들이고 나이가 다들 사오십대, 호준이 아버지뻘이에요. 우리 아들은 스무살, 고등학교 막 졸업한 애잖아요. 그러면 먼저 가르쳐줘야죠. 가르쳤는데도 안 되면 그때 욕하든 때리든 해야지. 그 사람들도 바쁘니까 빨리빨리 들어, 빨리빨리 올려 이랬겠죠. 안 봐도 뻔해요. 한국은 빨리빨리 좋아하니까. 애가 무거운 걸 드는 기술도 요령도 없고 힘도 없고 하니까 아저씨들이 냅다 욕부터 나가는 거죠.

일 끝나면 아저씨들이 그렇게 술을 먹인대요. 힘든 일 했으니까 한잔해야 한다면서. 아들이 집에 가려고 하면 "야, 먹어. 먹고 가!" 하고 붙잡고, "너 엄마랑 둘이 산다며? 술은 아버지한테 배우는 건데 못 배웠을 테니까 우리가 가르쳐줄게" 하면서 듣기 싫은 소리 하고요.

아들이 너무 힘드니까 술 마시고 속마음을 터놓더라고요. "엄마, 너무 힘들어요. 아저씨들이 욕하고 발로 차고 그래요." 애가 눈물을 흘려요. "엄마, 왜 이렇게 살아야 돼. 왜 이렇게…" 하는데 억장이 무너지죠. 제가 당장 그만두라고 했어요. "비자 없어도 일 있어. 찾으면 돼. 힘들면 다니지 마." 호준이가 그 말을 듣고 "아니야, 엄마. 이 일이 일당이 좀 세니까 내가 기술 배워서 빨리 돈 벌래" 그래요. 자기도 마음속에 돈 생기면 뭐 해야겠다는 계획이 있겠죠. 먹고 싶은 거, 사고 싶은 거, 하고 싶은 거 있을 거잖아요.

다음 날 되니까 아침에 막 토하더니 어젯밤에 자기가 한 말을 기억도 못해요. "엄마, 어제 제가 그랬어요?" 에휴, 너무 보기 안쓰럽더라고. "너 몽골 가. 몽골 말 1년만 배우면 할 수 있어. 몽골 대학 다녀. 학비도 한국처럼 안 비싸니까 엄마가 대줄 수 있어" 했더니 안 간대요. 엄마 고생시키면서 대학 다닐 수 없다고, 여기서 돈 벌겠다는 거예요. 호준이한테 우리 한 5년만 한국에서 돈 벌어서 몽골로 가자고 했죠.

호준이가 고등학교 마칠 무렵인 2012년에 지금 사는 데로 이사를 왔어요. 제가 전자부품 공장에 취직했거든요. 아는 분에게 아들 얘기를 했더니 소개를 시켜줘서 지금은 아들도 저처럼 전자부품 공장에서 일하고 있어요. 비자가 없으니까 4대보험 없고 퇴직금 없고 명절 보너스 같은 것도 적게 줘요. 한국 사람이나 비자 있는 사람 쓰는 것보다 돈이 덜 들어가니까 우리를 쓰는 거겠죠.

우리는 그냥 이렇게 숨어서 숨 쉬고 살아야 돼요. 그게 얼마나 어려운 일인지 상상이 되세요? 아들이 비자 하나 때문에 아무것도 못하는 걸 매일매일 지켜봤어요. 그렇게 장장 25년을 겪었어요. 호준이 한국에 데려온 거 정말 너무너무 후회해요. 이건 사는 것도 아니고 안 사는 것도 아니에요. 앞길이 창창한 젊은이를 내가 왜 이렇게 만들었을까요.

외국인이니까 더 힘든 일 해라

아들하고 둘이 한국에 사는 것, 여전히 힘들어요. 어디를 가도 한국 사람들과 똑같은 대우 못 받아요. 전자부품 공장에 한국 아줌마들도 있어요. 제가 외국인이라고 얘기하면 외국에 살면서 혼자 애 키우고 진짜 대단하다, 나는 못할 것 같다면서 치켜세우는 분들이 있어요. 음식도 먹으라고 챙겨주고, 같이 애 키우는 입장에서 이해하고 도와주죠. 어떤 분들은 또 안 그래요. 오래된 직원들 중에 아주 무서운 아줌마들이 많아요. 끽소리 못하죠. 어떻게든 자기가 하기 싫은 일을 저한테 시켜요. "이거, 인화씨가 해." 그럼 저는 못한다는 소리를 못해요. 외국인이라고 만만하게 보죠. '나는 한국 사람이고 너는 외국인이야. 우리나라에 돈 벌러 왔으면 힘든 걸 해야지 한국인들과 똑같이 일하면 우리는 뭐가 돼. 너는 외국인이니까 더 힘든 일 해.' 이런 생각이 있는 것 같아요.

저는 나이도 많고 비자도 없잖아요. 사람들에게는 웬만하면 제가 체류자격이 없다는 걸 숨겨요. 안 그래도 힘든데, 그것까지 알려지면 어떻겠어요. 물론 숨긴다고 숨겨도 알려지는 경우가 생기지만요. 아무튼 무조건 참아야 해요. 억울해도 절대로 안 싸워요. 그렇게 참다가 참다가 보면 어느 순간 한계가 와요. 그럼 회사를 그만둬요. 그만둔다고 끝이 아니에요. 또 다른 데 가서 적응해야 하잖아요. 솔직히 다른 데도 똑같아요. 다 좋은 사람은 아니야. 어디든 한두 명은 나를 괴롭히고 힘들게 해요. 여기서 일 배워 어느 정도 자리도 잡았고 사장님이 월급 잘 주면 그만두기 쉽지

이건 사는 것도 안 사는 것도 아니에요

않죠. 그래도 잘해주는 사람도 있으니까 참자, 참자, 참아. 한국에서 25년을 사는 동안 인내심 하나는 제대로 키운 것 같아요.

최근에는 '노재팬' 운동 때문에 때문에 전자부품 공장에 일이 없어요. 아르바이트로 여기저기 다닌 지 한 2년 됐어요.

몽골 여자들은 죽지 않는다

제가 처음 한국에 왔던 1990년대에는 한국 여자들도 힘들게 살았어요. 그런데 지금은 달라졌죠. 결혼도 안 하고 자기가 배우고 싶은 거 배우고, 하고 싶은 일 하고, 당당하게 살잖아요. 그 모습이 너무 좋아요. 나도 조금만 젊었으면 싶어요. 결혼에 실패할 줄 알았다면 결혼 안 하고 혼자 돈 벌어서 혼자 하고 싶은 거 하면서 지금 젊은 사람들처럼 살았을 텐데… 부러워요.

한국 여자들은 남편이 문제 있어도 이혼도 안 하고들 참고 살잖아요. 난 그게 이해가 안 돼요. 우리 몽골 여자들은 안 참아요. 아주 세! 몽골은 가장 노릇 하고 사는 여자들이 엄청 많아요. 남자 없으면 못 산다고 생각하지 않아요. 물론 그런 생각을 가진 여자들도 있지만 센 여자들이 한국보다 많은 것 같아요. 왜냐면 칭기즈칸의 피가 흐르니까.

목사님이 매번 그래요. 인화씨 진짜 대단하다고. 혼자 남의 나라 와서 애 키우고 일하고 사는 여자들 별로 많지 않다고. 그러면 제가 말해요. "아니요. 우리 몽골 여자들은 다 이렇게 살아요. 남편이 돈 안 벌고 징징거리고 찌질하게 굴면 그냥 이혼해버리고 혼자 키우고 살아요. 몽골 여자들은 죽지 않는다니까요."

제 나이가 이제 예순이에요. 내 몸이 할 수 있을 때까지는 일하고 싶어요. 아들한테 도움이 되고 싶어요. 아들이 잘되길 바라죠. 솔직히 나는 이제 몽골로 가도 그만인데 아들을 여기 혼자 두고 갈 수 없잖아요. 호준이는 다섯살부터 여기서 평생을 살았고, 나 빼면 아무도 없어요. "엄마 아빠는 이혼했고 이제부터 엄마랑 한국에서 일하고 살아야 돼"라는 말을 들은 아이의 심정이 어땠을까 생각하면 너무 불쌍해요. 이 모든 게 아이 잘못이 아니잖아요. 남편하고 내가 잘못한 거예요. 엄마 멋대로 한국에 데리고 와서 여기서 학교 다니느라, 한국 애들 따라가느라 맨날 고생하고, 대학도 못 가고, 돈 없고, 일하면서 욕먹고. 고등학교 졸업하고 10년이 지나도록 비자도 없어요.

아들은 몽골에 가기 두렵나봐요. 몽골 말을 모르니까요. 몽골에 가면 가족이 있다고는 해도 말이 안 통하잖아요. 친

이건 사는 것도 안 사는 것도 아니에요

구도 없고요. 호준이는 한국에서 20년 넘게 살았으니 몽골 가면 적응하기 힘들겠죠. 저는 저대로 나이 먹고 아들 옆에 계속 있으면 짐이 될까 걱정해요.

자진출국 뒤 재입국을 준비하는 호준

호준이는 지금 9년 다닌 회사를 퇴사하고 아르바이트를 하고 있어요. 작년에 호준이가 자진출국 신고를 했어요.* 몽골에서 여러가지 서류 떼서 받고 여기서도 중학교 재학증명서, 고등학교 졸업장, 모범상장, 장학증서, 신원보증서… 다 준비했어요. 자진출국 신고를 하고 몽골에 갔다 오면 비자를 준다고 하더라고요. 출국명령이 내려졌는데 코로나19 때문에 비행기가 안 떠서 못 가고 있죠. 그래서 한달에 한번씩 출입국·외국인청에 가서 출국 연장을 하고 있어요.

호준이가 나중에 재입국해 한국에서 1년 이상 살려면 현실적으로 고용허가제로 취업비자를 받아서 들어와야 해

---

* 법무부와 고용노동부가 2019년 12월 '체류질서 확립 등을 위한 불법체류 외국인 관리대책'을 발표했다. 그해 연말까지 "불법체류 외국인 수가 40만이 넘을 것으로 예상된다"며 "가파른 증가 추세"를 막을 "새로운 제도"를 내놨다. 2020년 6월 말까지 스스로 나갈 경우 미등록 체류에 따른 범칙금과 입국금지를 면제하고 일정 기간(6월 출국하면 6개월 뒤)이 지나면 재입국 심사 기회를 주는 방안이다.(「나는 지금 모르는 나라로 가려고 안간힘을 쓰고 있다」, 한겨레 2020.7.25.).

요. 그 비자를 받으려면 한국어능력시험을 봐야 하고요. 얼마 전에 시험을 봤는데 최고등급이 나왔어요. 원래는 몽골에서 대학 다니려고 알아보다가 한국에서 다닐 수도 있겠다 싶어 일단은 대학 진학도 준비하고 있어요. 호준이가 다니던 회사에서 나중에 다시 입사한다는 조건으로 대학 다니는 동안 편한 시간에 와서 일해도 좋다고 하고요.

동물보호법도 있는데 외국인은 왜 보호 안 해

호준이랑 저는 한국에 살고 있잖아요. 우리도 사람이잖아요. 동물을 때리거나 죽이면 벌금형이나 징역형을 받는다고 알고 있어요. 동물은 이렇게 보호하는데 외국인은 왜 보호를 안 하죠? 가끔 그런 생각이 들어요. '우리가 개보다 못한가?'

제 아들한테만 체류자격을 달라는 거 아니에요. 미등록 이주아동들이 엄청 많잖아요. 외국인이라고 안 아파? 안 먹어? 안 입어? 애들 안 키워? 대학 안 보내고 싶어? 사람 사는 것 다 똑같잖아요. 한국인과 결혼하는 사람에게는 비자를 주는데 한국에서 열심히 일하면서 사는 사람은 왜 안 되죠?

이건 사는 것도 안 사는 것도 아니에요

저는 내 나라인 몽골을 위해 일한 게 아니라 여기 한국에서 25년을 일했어요. 여기서 제 월급도 다 썼고요. 먹고 살고, 월세 내고, 세금 내고요. 제가 번 돈 나쁜 돈 아니잖아요. 제가 땀 흘리고 피 흘리고 눈물 흘려서 번 돈이잖아요. 한국에서는 저한테 연금 십원도 안 줘요. 아무것도 안 줘요. 그럼 저는 나이 들어 어떻게 살아야 하죠?

제가 한국에 와서 사는 동안 대통령이 여섯번 바뀌었어요. 한국은 선진국이고 몽골보다 잘살잖아요. 그런데 왜 아무도 외국인 체류 문제를 해결하지 않죠? 제가 이런 말 하면 애국자들은 싫어하겠죠. '아니, 자기가 원해서 와서 살면서 왜 우리나라를 나쁘게 얘기하냐' 할 테죠.

한국의 좋은 점이 왜 없겠어요. 물론 돈 떼먹는 사장도 있었지만 대체로 좋은 사람들이 많아서 저와 호준이가 한국에서 지금까지 살 수 있었어요. 모든 사람이 나쁜 건 아니에요. 열명 중 여덟명은 좋은 사람이고 두명은 나쁜 사람이었던 것 같아요. 좋은 사람 덕분에 사는 거죠. 한국이 아니었으면 애들 못 키웠을 거예요. 한국에서 번 돈으로 애들 다 키웠어요. 잘 컸죠. 그게 한국의 좋은 점이고 고마운 점이에요.

제가 보기에 지금 한국에서 태어나는 애들을 잘 키우는 게 한국의 미래예요. 젊은 사람이 한국에 살면서 앞으로 한

30년, 50년은 여기서 일하고 결혼하고 애도 낳고 그럴 수 있게 도와야죠. 지금 한국은 노인 인구가 점점 많아지고 젊은 사람은 없으니까요.

한국 사람들은 너무 바빠요. 자기와 상관없는 일에는 정말 무관심해요. 누가 힘들든 말든, 죽든 말든. 자기 마음이 편하면 세상은 아무것도 바뀌지 않아요. 한국 사람들 시위 많이 하잖아요. 저도 시위라도 해서 목소리를 내고 싶은데 제가 시위를 했다간 잡혀가서 쫓겨나겠죠. 인터넷, SNS 많이 발달했으니까 우리 이야기가 많이 읽히게 잘 써줘요. 외국인이지만 이곳에서 아이 잘 키워서 잘 살게 하고 싶은 마음은 똑같아요. 우리는 나쁜 사람들이 아니에요.

말하는 소리가 작으면
듣는 귀라도 커야 해요

—

이란주

이주인권활동가

이란주

작가, 이주인권활동가

아시아인권문화연대 대표. 1995년부터 지금까지 이주노동자, 이주민과 연대하는 활동을 하고 있다. 『말해요, 찬드라』『아빠, 제발 잡히지마』『나의 미누 삼촌』『로지나 노,지나』 등을 썼다.

말하는 소리가 작으면 듣는 귀라도 커야 한다

> 내 이름은 로지나, 다섯살에 한국에 왔어요.
> 한국 친구들은 나를 지나라고 불러요.
> 내 동생 라주는 세종대왕을 존경하고, 태권도를 좋아합니다.
>
> ─이란주 『로지나 노, 지나』

『로지나 노, 지나』는 어릴 때 한국에 와서 성장한 아이들 이야기예요. 저는 아이들을 옆에서 계속 지켜봤고, 하소연을 들었고, 때로 뭔가를 같이할 때도 있었죠. 애들 상황이 너무 힘든데 그걸 듣는 귀가 없어요. 아이들은 말할 힘이 약하고요. 듣는 귀라도 커야 그 작은 목소리가 들릴 텐데, 그렇지 못하니까 아이들의 목소리를 더 크게 전해보자, 그래서 썼어요.

처음에는 보고서 형식으로 쓸까, 기존에 해왔던 르포 방식으로 쓸까 하다가 조금 편안한 접근법으로 소설을 선택했죠. 한 3~4개월 엄청 집중했던 것 같아요.

1995년쯤인가, 제가 이주민 관련 단체에서 일을 시작할 때만 해도 이주아동이 드물었어요. 이주노동자가 대개 젊은 청년들이니까 여기 와서 연애도 하고 애기도 낳죠. 아이를 낳으려면 병원도 가야 하고, 아이 낳고 적어도 며칠은 누군가 돌봐줘야 하는데, 돈을 벌어야 가족이 먹고사니까 남편은 어쩔 수 없이 일하러 나가요. 엄마 혼자 갓난아이를 볼 때 저희가 같이 아기도 보고 빨래도 하고 했어요. 그때 활동가 동료들과 "야, 이제 요람에서 무덤까지가 될 거야. 이주노동자 문제는 노동만의 문제가 아니야" 그런 얘기를 했던 게 지금도 생각나요. 요람에서 무덤까지. 생애가 다 있는 거죠.

이주민이 아이를 키우면서 여러 벽을 만나요. 아이는 어린데 일하러 가야 하고, 어린이집에 보내야 하는데 돈이 많이 들죠. 첫번째 벽이에요. 아이가 어릴 때 자주 아프잖아요. 어떤 병원에 데리고 가야 할지, 돈이 얼마나 들지, 그게 두번째 벽이고요. 사실 삶의 모든 순간이 다 벽이에요. 이 용감한 사람들은 그걸 어떻게든지 해결하고 뛰어넘으려 노력하지만 때로는 좌절도 하죠. 대부분은 좌절하는 순간에 우리를 만나요. 문제를 해결할 방법을 같이 찾아보죠. 우리도 자원이 있는 게 아니기 때문에 그런 분들이 오면 일단 문제를 살펴서 필요를 파악하고, 우리 힘으로 안 되는 건 다른 곳에 도움을 요청해서 자원을 연결하고 같이 해결해나가요. 그러니까 누군가 상담하러 오는 순간 그 사람의 문제는 상담하는 사람의 일이 되곤 해요. 그 사람의 문제가 곧 나의 문제가 되는 거죠.

아동이 초등학교 고학년이면 체류 길어져

이주민들이 한국에서 일하는 기간은 개인차가 있지만 대체로 5년 정도인데 아이가 있는 경우에는 체류 기간이 10년, 20년 그래요.

제 경험으로 볼 때 아이가 있는 가정은 부모의 욕구와 아이의 욕구가 충돌해요. 아이들이 어릴 때는 자기 목소리를 내지 못하지만 자라면서 어느 순간 '내가 어디서 어떻게 살아야겠다'는 생각이 생겨요. 그러면서 부딪히더라고요. 그러니까 부모는 그만하자, 본국으로 돌아가야겠다 하는데 아이들은 버티는 거예요.

아이들 입장에서는 부모의 출신국에 가면 우선 언어가 가장 문제죠. 그다음에 여기 있는 친구들요. 일상적이던 것들이 '이제 여기를 떠나야 돼' 생각하는 순간 엄청 소중해져요. 그래서 아이들이 고집을 부리면 부모들은 단호하게 결정하지 못해요. 부모가 힘을 가졌으면 자기 힘으로 상황을 끌고 갈 텐데 부모도 힘이 그다지 없는 상태거든요. 부모도 여기서 체류자격도 없이 근근이 먹고 살아요. 본국으로 간들 미래가 불투명한 것은 마찬가지예요. 자기 힘은 약하고 아이들의 주장은 강해요. 특히 제가 보는 부모님들은 망설

말하는 소리가 작으면 듣는 귀라도 커야 해요

이고 망설이고 또 망설이고 그러다 시간이 흐르고, 어쩔 수 없이 걷잡을 수 없는 상태가 되고 자기도 점점 더 무기력해져요. 아이들이 초등학교 고학년쯤 되어 자기 삶이 시작되면, 부모라 해도 마음대로 해서는 안 되겠더라고요.

생각하면 마음 아픈 아이가 있어요. 네댓살 때쯤 한국에 와서 성장했는데 고등학교 졸업을 몇달 앞두고 가족이 본국으로 갈 수밖에 없는 상황이 되어 아이가 거의 끌려가다시피 했어요. 졸업이 얼마 남지 않은 11월에 갔으니까요. 가족이야 가더라도 아이는 한국에 남아 어떻게든 먹고살며 학교를 마칠지 고민해야 했는데… 졸업장을 받은 다음에 가면 거기서 상급학교에 진학하거나 한국 대학에 입학 허가를 받는다거나 뭔가 방법을 생각할 수 있잖아요. 그런데 가족 누구도 이 아이의 입장을 고려하지 못했어요. 돌아가면 방법이 생길 거라고, 아주 막연하게 생각했죠. 벌써 한 5년 됐네요. 지금은 그 아이가 스물네살이 됐죠. 지금까지도 아이는 겉돌고 있어요.

부모님의 의지가 그렇게 굳세게 발현되는 경우가 흔치 않은데 왜 하필이면 그 시점이었을까. 왜 미루고 미루다가 그 시점이었을까. 제가 다 원망스러워요. 그때 애한테 같이 몇달만 견뎌보자고 왜 조금 더 강하게 말하지 못했을까, 지금도 후회하고 있어요.

이주아동들은 본국에 가서도 자기 나라 말을 못한다는 것 때문에 엄청 움츠러들어요. 치명적이에요. 저는 부모님들한테 이렇게 얘기를 해요. 어지간하면 애들 초등학교 입학하기 전에 본국으로 가시라고. 만약에 애가 초등학교에 입학하면 그다음은 스무살까지 버틸 각오를 하셔야 한다고. 제가 이렇게 말해도 그 시기가 오기 전까지는 잘 몰라요. 겪어봐야 알아요. 그게 무슨 말인지.

애들이잖아, 그애 보고 혼자 살라고?

『아빠, 제발 잡히지 마』를 2009년에 출간했고 『로지나 노, 지나』가 2020년에 나왔어요. 10년 사이 이주아동의 상황이 많이 바뀌었죠.

전에는 아이들이 학교에 입학하는 과정부터 여간 어려운 게 아니었어요. 아이들 손잡고 웃으며 학교에 들어가서 울면서 나오는 게 흔한 일이었죠. 아이들이 없을 때는 선생님들한테 호소라도 하는데 아이들을 앞에 앉혀놓고서 호소하기는 또 싫더라고요. 오히려 아이들에게 큰소리친 적도 있어요. "너희의 입학 자격은 호소하고 울어서 받는 게 아니라 너희들의 권리야, 공부할 권리라고." 이렇게 말하고 또 울면서 나와요. 그러니까 이런 앞뒤가 안 맞는, 이성과 정서가 도저히 합을 이루지 못하는 상황들을 같이 겪어요.

1990년대 말에는 미등록 이주아동이 공교육을 받는 것에 대해 그리 우호적인 분위기가 아니었는데 2000년대 중반 지나면서 국제결혼 가정이 늘어나니까 외국 아이들의 존재에 대한 인식이 생기면서 미등록 이주아동들이 혜택을 본 측면도 있다고 봐요. 현재는 미등록 이주민이 굉장히 많이 늘어났는데, 30만명 정도라고 해요. 미등록 이주노동자끼리 혼인하는 경우도 많고 그 사이에서 아기가 태어나면 다 미등록이 되니까 미등록 영유아가 상당히 늘었어요. 혹시 체류자격을 받을 수 있을까 기대하며 고생하던 아이들이 부모와 함께 출신국으로 돌아간 경우가 많아서 학령기 아이들은 상당히 줄었고요. 미등록 이주아동을 1~2만명 정도로 예상하는데 영유아가 늘었기 때문에 전체 숫자는 크게 달라지지 않았을 거라고 봐요.

아이들이 중고등학교에 입학하는 게 전보다는 조금 수월해졌죠. 정부에서 미등록 아동들을 단속하지 않겠다고 공식적으로 발표를 했어요. '학생은 단속하지 않겠다, 학생은 단속에 걸리더라도 강제퇴거하지 않겠다.' 이런 변화가 아무것도 아닌 것 같지만 엄청 힘든 과정을 거쳐서 얻어낸 거예요. 물론 법무부가 약속을 어기기도 해요. 그래도 지침이 있으면 싸울 때 우리 주장을 뒷받침할 근거가 되죠.

　사람들은 우리가 왜 이주아동들이 안정적인 체류자격을 갖고 성장하도록 지원해야 되냐, 우리가 왜 저 아이들이 여기서 살게끔 해줘야 되냐, 그렇게 물어봐요. 그런 질문이나 주장을 접하면 할 말은 하나예요. "애들이잖아" "그애 보고 혼자 가서 살라고?" 일단은 부모의 선택으로 왔고, 사실 자기 선택이라 하더라도 아이들은 보호받아야 하는 게 맞죠. 아이가 성장하는 동안 부모가 됐든 보호자가 됐든 사회가 됐든 국가가 됐든, 지원을 해야 하는 게 우리의 의무잖아요. 아이들은 보호받을 특권이 있어요. 원론적인 이야기를 하는 수밖에 없는 거죠.

　아이들이 부모의 출신국으로 가야 된다는 건 정부의 입장이고, 아이들 입장은 어떻게든 여기서 버티고 살아야 한다는 거예요. 여기서 살려면 먼저 취업을 해야 하죠. 먹고 살아야 되니까. 이주아동들은 가정 형편이 대체로 어려워서 대부분 노동이 친숙해요. 그러니까 선주민 가정의 좀 사는 집 아이들 입장에서는 상상도 할 수 없는 노동에 일찍 접근하고 익숙해지죠. 중고등학교 때도 공장에서 아르바이트를 하고요. 늘 일하는 엄마 아빠를 보고 자라서 애들이 일찍 철이 든다고 할까요? 부모처럼 값싼 노동력으로 일하는 거예요. 회사에서는 이 아이를 특별하게 보지 않아요.

한국말 잘하니까 반갑지만 그냥 외국인 중 한명일 뿐이죠.

> "엄마만 어쩔 수 없는 거 아니야. 나도 어쩔 수 없어. 불법 주제에 공부는 뭐 하러 해? 어차피 공장에나 가고 청소나 할 텐데."(167면)

비대면학습지원금, 이주아동 제외돼

코로나19 때문에 학교 다니는 아이들이 온라인 수업을 하잖아요. 어쩔 수 없이 보호자가 교육의 공백을 다 메워야 해요. 아침에 깨우고 밥 먹이고 세수시켜서 컴퓨터 앞에 앉히고 수업 따라가게 하고 점심 챙겨 먹이고. 아이들의 수업 참여는 주로 엄마의 공력이에요. 이주가정 아이들은 대부분 그런 것을 기대할 수 없어요. 부모는 일하러 가고 아이들만 집에 있으니까요. 온라인 수업에 출석도 제대로 하지 않는 경우가 태반이에요.

선생님이 확인한다고 해도 전화 거는 것뿐이죠. 가정방문은 아주 드문 경우고요. 전화로 관리되는 아이들은 그나마 다행이고, 전화로 관리되지 않는 아이들은 자고 있거나 아니면 나가서 놀거나 그런 거죠. 선생님들도 힘들 거라 생각하지만 한편 아쉽기도 해요.

여기 부천은 이주민이 많이 사는 지역이에요. 학교, 공부방, 우리 같은 단체도 있죠. 주변에 무료 청소년 밥집 같은 곳이 있어서 이 안에서 아이들이 자기에게 필요한 것을 얻을 수 있는 시스템이 그나마 있어요. 그럼에도 불구하고 여기서도 어떤 아이는 한달 내내 온라인 수업을 한번도 안 했대요. 보호자의 고단한 삶이 아이한테 그대로 전가되는 거죠.

2020년에 보건복지부가 교육부를 통해서 비대면학습 지원금을 나눠줬어요. 그동안 학교 안에서만은 학생 모두가 평등하다는 개념이 있었는데 이번에 거기에 큰 구멍이 났어요. 외국 국적 아동들을 지급 대상에서 제외한 거예요. 지원해야 할 대상이 아니라고 생각한 것 같아요. 교육부에서 지침이 내려오니 일선 교사들이 아이들을 얘는 한국 국적자, 얘는 외국인, 이렇게 골라내게 된 거예요.

분통이 터진 일부 선생님들이 이 문제를 바깥으로 알려서 우리도 알게 됐어요. 서울교육청에서 상황을 빠르게 파악하고, 전국 교육감들도 문제를 해결하려고 적극적으로 나섰어요. 교육부도 외국인 아동을 포함한 모든 아동을 지원하는 것이 옳겠다는 의견을 표했고요. 아이들 문제니까 좀 쉽게 풀렸다고 봐요. 어른들 문제는 사회적 공감을 얻기가 무척 어렵거든요.

말하는 소리가 작으면 듣는 귀라도 커야 해요

태권도 심사, 학교안전공제보험 문제로 좌절

"아빠, 세상에 불법 사람이 어디 있어요? 내가 태어나면 합법

사람입니까 불법 사람입니까, 물어보고 태어나는 사람이 어디

있냐고요."(126면)

미등록 이주아동은 초등학교 3~4학년 즈음, 학교에서 이
런저런 일을 겪으면서 자기가 어떤 상태라는 걸 알게 돼요.
한동안 국기원 태권도 승단 심사가 아이들을 엄청 좌절시
켰어요. 지금은 국기원에 미등록 아동에 대한 인식이 생겨
서 그나마 좀 나아졌어요. 또 아이들이 중학교에 가면 봉사
점수 때문에 힘들어하죠. 수학여행이나 현장학습 갈 때 사
설보험이 안 되고요.

학교에서 아이가 다치면 보험 처리할 수 있는 학교안전
공제보험이라는 게 있어요. 보통은 아이들이 좀 다쳐도 대
부분 보험이 되기 때문에 치료비를 크게 걱정하지 않아요.
그런데 미등록 이주아동처럼 건강보험이 없는 경우에는 그
렇지가 않아요. 학교에서 아이가 다치면 보호자가 먼저 병
원비를 계산하고 학교안전공제보험 청구를 해서 받아요.
그런데 이주아동은 건강보험이 없으니 병원에서 10만원이

면 될 일이 수십만원이 들어요. 하지만 학교안전공제보험을 청구하면 10만원만 줘요. 이주민 단체들이 아이들에게 보험을 적용해달라고 호소하고 있어요.

아이들이 크면서 주민등록번호가 필요한 일들이 점점 늘어나고 그럴 때마다 좌절을 해요. 그런데 아이들은 그런 일을 절절하게 표현하지 않아요. 뭔가가 안 되면 좌절감을 느끼고 빠르게 포기하죠. 굉장히 안타까운 상황인데 오히려 아이들은 담담해요. 좌절에 익숙하다고 할까요, 배제에 익숙하다고 할까요. "이렇게 화나는 상황에서 그렇게밖에 표현을 못해?" 제가 속상해서 아이들을 더 찌를 때도 있죠. 스스로 분노를 느끼고 표현해야 문제가 드러나고 해결할 단초가 생겨요. 물론 그 과정은 더디고 힘들고 자주 실패해요. 어떻게 보면 아이들이 지혜로운 거죠.

부모를 돌보는 아이들

아이들은 한국어를 잘해서 거의 다 부모의 통역사 역할을 해요. 대부분 부모가 먼저 한국에 와 있고 아이가 나중에 와요. 처음에는 집에서 한국어를 제일 잘하는 사람이 부모였는데, 2년 정도 지나면 아이가 부모를 뛰어넘어요. 아이가 집안 공식 통역사가 되는 거죠. 공식적으로 해야 하는 모든 일에 아이가 보호자 역할을 해요. 부모가 한국에서 벌어지는 일에 대한 이해가 없거나 화가 나서 이해하고 싶지 않을 때, 아이는 이미 한국살이에 능해져서 왜 이런 상황이 됐는지 잘 알아요. 자기가 분명히 통역해주고 설명해줬는데 부모는 이해 못하는 상황이 발생해요. 그러면 아이는 중간에 끼게 되고 화도 나죠. 답답함과 분노를 사회와 부모 양쪽에 다 느끼겠죠. 특히 아이가 사춘기고 그런 일을 기꺼이 하고 싶을 만큼 부모와의 관계가 썩 좋은 게 아닌 경우라면 더 짜증이 나죠. 신경질을 내고 부모랑 싸우면서 관계는 더 나빠지고 무능력한 부모에게 반감을 품기도 해요. 아, 물론 어떤 아이는 굉장히 자랑스럽게 통역을 수행하고 뿌듯해하기도 해요.

아이들의 심리상담이 필요할 때는 아는 심리상담사에게 도움을 받거나 청소년 상담기관을 연결해서 진행해요. 그런데 그런 기관이 아이들의 세세한 상황까지 알지는 못하잖아요. 부모가 당연히 이 정도 조력은 할 거라고 생각하는데 부모는 그럴 형편이 못되는 경우도 있고. 부모와 아이가 나이, 종교, 문화적인 배경이 다르기 때문에 서로 이해하지 못하는 일들이 왕왕 있었어요. 저희가 그런 걸 조금 더 파악하게 된 후로는 먼저 요청을 해요. 아이들의 특수한 상황에 대해서 상담자들이 미리 알고 있어야 아이와 상담이 가능하다, 이런 상황을 미리 학습하자, 그런 제안을 하고 지원하기도 해요.

> 불현듯 환청이 들려왔다. 누가 불법으로 낳아달랬어? (…)
> 어쩔 줄 모르면서 왜 데려왔어요? 왜 낳았어요? 왜 이렇게
> 무책임해요? (254면)

소주 한병 마시면 세금을 얼마 내는 줄 아세요?

먹거리도 문제예요. 무슬림들은 돼지고기를 피해야 하니 과자 하나를 사도 혹시 돼지기름이라도 들어갔는지 알아야 하잖아요. 슈퍼 주인한테 물어본다고 그걸 아나요. 지금은 정보라도 있는데 예전에는 정보조차 거의 없었어요. 당사자들끼리 어떤 건 먹을 수 있고 어떤 건 먹을 수 없다 하는 정보를 공유하기도 하고요. 최근에는 할랄 식품점이 좀 생겨서 그나마 나아졌지만 비싸서 문제기도 해요. 그걸 감당할 수 없는 사람은 그냥 '에이 모르겠다' 이러기도 하고요. 또 사람들과의 관계 속에서 포기하게 되는 경우도 생기고요.

어떤 사람들은 '저것들은 세금도 안 내는데 왜 애들까지

우리가 무료로 가르치고 밥 먹여야 되느냐'라고 말해요. 그러면 저는 "아유! 모르시는구나. 세금 내잖아요" 하죠. 억지 쓰는 분들하고 싸울 때는 "아이, 아저씨, 소주 한병 먹으면 세금을 얼마 내는 줄 아세요?" 하고 쉽게 말해요.

앞으로는 미등록자도 세금 낼 방법을 찾아서 세금 실적을 공적으로 쌓아놓으면 좋겠다는 얘기가 조금씩 나오고 있어요. 불가능하지 않다는 말이 있어서 찾아보려고요. 주로 미국에서 이주민 합법화할 때 세금 실적으로, 그러니까 공과금이나 세금 낸 걸 기준으로 오래 체류한 사람들을 합법화한다고 들었어요. 그래서 우리도 할 수 있지 않을까 고민하며 방법을 찾아보고 있어요.

'등록번호' 부여로 교육복지 시스템에 넣어야

경기도에서 2019년에 '미등록 이주아동 건강권 지원을 위한 실태조사'를 했어요. 몇차례 간담회도 하고 조사도 하던 중에 참여자 한분이 물었어요. "미등록 아동은, 출생등록이 안 됐다는 의미죠?" 우리는 늘 쓰는 용어기 때문에 익숙하지만, 그분은 이 프로젝트에 처음부터 같이 참여해서 얘기를 나눴던 분인데도 출생등록이 안 되어 있는 것으로 생각

했더라고요. '아, 이렇게 오해할 수 있구나.'

비자가 없는 것과 출생등록이 안 되어 있는 것은 전혀 다른 이야기예요. 우리나라는 외국인 아동의 출생등록을 받지 않고 있어요. 출생등록은 본국 정부에 하고, 우리 정부에는 외국인등록을 하도록 요구하고 있죠. 부모가 체류자격이 없는 상태에서 아이가 태어나는 경우, 본국 정부에 출생등록을 해야 하지만 못하는 경우도 상당해요. 난민인 경우에는 본국 정부의 행정지원을 당연히 받기 어렵고요. 출신국 정부가 일부러 출생등록을 안 받아주기도 해요. 자국민 미등록자를 줄이기 위한 압박으로 출생등록 같은 행정지원에 비협조적이거나 거부하는 경우가 있어요. 공식적인 통로를 안 열어주니 뒤에서 브로커를 통하죠. 미등록자가 한국에서 낳은 아기를 본국 정부에 출생등록하고 신분증을 만드는 데 수십만원이 드는 경우도 가끔 봐요. 본국 정부에 출생등록을 했다고 해도 부모가 체류자격이 없는 경우 아이 역시 외국인등록을 하지 못해요.

주민등록번호가 없어서 생활에 제약을 받는 아이들에게 등록번호를 부여하는 것, 어떤 시스템 안에 아이들을 포함시키는 것, 이게 첫 출발이라고 생각해요. 그다음이 아플 때, 공부할 때, 밥 먹을 때예요. 국민건강보험에 미등록 가정도 가입할 수 있도록 하는 것, 그다음에 학교에 입학하는

말하는 소리가 작으면 듣는 귀라도 커야 해요

거죠. 학교 문제는 현재 어느 정도는 해소된 상황이에요. 학교에 들어가면 학교를 통해서 이루어지는 복지 체계에는 포함이 되는 거니까요.

교육복지에 미등록 아동이 포함되도록 하고, 교육이 끝났을 때 아이들이 사회에 진출할 수 있어야 해요. 아이들은 사회에 진출해 역할을 하고자 하는 욕구를 가지고 있는데 한국이 허락을 안 해요. 그래서 불안정한 그림자 노동 시장으로 빠져드는 상황이에요.

미등록 아동뿐 아니라 미등록 이주노동자가 30만명에 이른 상황은 관리할 수 있는 한계를 넘어선 것이라고 봐요. 코로나19 상황에서는 더욱이 그렇고요. 미등록 이주자를 합법적으로 등록시키는 수밖에 없어요. 그리고 합법화할 때 당연히 아이들에 대해서는 조금 더 선제적으로, 조금 더 적극적으로 접근을 해줘야 하죠.

'보편적 출생등록제'를 어떤 식으로 설계할지 모르겠는데, 저희가 여러가지로 제안을 했어요. 보편적 출생등록제는 미등록 이주아동을 위한 대안이기도 하지만, 내국인 가정에서 아기가 태어났을 때도 '정상가족'이 아니라는 이유로 출생등록을 하지 않는 경우나, 고의적으로 출생등록을 하지 않는 경우를 위한 대안이기도 해요. 그래서 의료기관에서 아이가 태어나면 출생 사실을 국가기관에 통보할 의무를 부여하는 출생통보제도가 논의되고 있는 것으로 알아요.

어떤 시스템이 좋을지는 더 연구해봐야겠지만, 어쨌거나 이 아이가 여기에 태어나서 존재하고 있음을 증명하는 어떤 등록 과정, 이 아이의 신분을 보장할 제도가 필요해요.

건강보험에 대해서도 세밀하게 고민할 필요가 있어요. 보험료가 너무 비싸거든요. 이를테면 엄마 아빠 자녀 둘로 이루어진 미등록 가정을 상상해보세요. 가령 정부에서 미등록 아동의 건강보험 가입을 허용한다고 해도, 아이들만 가입하도록 하거나 네명에게 따로따로 가입하라고 요구할 가능성이 커요. 네명을 한 가족으로 인정하고 주소득자가 건강보험 가입을 하고 나머지는 피부양자로 인정하는 시스템을 만들어야 하는데 현재로서는 쉽지 않죠.

따뜻하고 보드라운 이주민 공동체

제가 처음 이주민 문제에 관심을 가졌을 당시는 전국에 이주민 관련 단체가 얼마 없었어요. 신문기사가 간간이 나오는 걸 보고 이주민 문제를 알았죠. 이주민 상담소를 찾아갔는데 네팔분이 계시더라고요. 그 단체에서 일하는 한국인 활동가가 두세명 있었는데 다 외부로 일하러 나가고 네팔

223   말하는 소리가 작으면 듣는 귀라도 커야 해요

분이 쉼터를 지키고 있었어요. 그분과 앉아서 수다 떨다가 친구가 됐어요.

제가 만난 이주민들은 정서가 따뜻했어요. 옆 사람을 보듬고 챙기고 서로 정을 주고받고 하는 게 훨씬 부드러워요. 자본주의와 경쟁사회에서 우리가 잃어버린 어떤 부분이 아닐까 싶어요. 이주민들끼리 음식도 나누는데 저도 자주 끼어요. "나 맛있는 거 했어, 언니도 와" 이러면 우르르 가기도 하고, 만들어서 싸가지고 오기도 하고. 누가 아플 때는 돌아가며 돌보기도 하죠.

우리 동네에는 우리 단체도 있고 밥집도 있고 공부방도 있고 또 부모들도 있어요. 실제로 애들을 동네에서 다 같이 키워요. 이런 동네 품앗이는 보호자가 경제적으로 풍족한 상태에서 자기 아이 돌보는 거랑은 비교도 할 수 없이 부족하죠. 그냥 없는 데서 같이 굴러다니는 거예요. 동네 할머니가 아이들을 같이 챙기기도 하고, 엄마가 밥을 못 줄 때는 옆집 엄마가 밥을 주기도 하고요. 그런 도움이 없으면 살 수가 없어요.

며칠 전에는 이 동네에서 자란 아이를 만났는데요. 이제 스무살이에요. 그애한테 "너 요즘 아르바이트 뭐 하냐" 이랬더니 웃으면서 "저 요즘 밤에 아르바이트 해요" 하더라고요. 이야기를 들어보니 옆집에 초등학교 다니는 아이가 하나 있는데 엄마가 야간작업을 가면 아이가 혼자 자야 하는 거예요. 낮에 혼자인 거하고 밤에 혼자인 건 아주 다르잖아요. 스무살짜리 애가 자기 동생을 데리고 걔네 집에 가서 같이 자면 그집 엄마가 하루에 만원씩 준대요. 그런 식의 협조도 있고요. 홀로 아이 키우는 엄마들이 상당히 많은데, 혼자 아이 돌보며 일하기 너무 힘들죠. 협조를 누가 하느냐면 이모들이 해요. 실제 이모가 아닌 같은 나라에서 온 여성들이요.

이주아동들도 내 아이처럼

부모들은 대부분 내 아이가 공부 마치고 사회에 진출해서 사회 구성원으로서 몫을 하며 자기 삶을 개척해나가면 좋겠다는 바람을 갖고 있잖아요. 이주민들도 마찬가지죠. 밖에 나가서 험한 일 당하지 않고 존중받으면서 일하고 자기 삶을 잘 개척해나가면 좋겠다. 그런데 그게 돼야 말이죠. 하나하나가 다 막혀 있으니까요.

그래서 제가 쓴 책『로지나 노, 지나』는 같은 상황에 있는 아이들이 안 읽었으면 좋겠어요. 아이들한테도 얘기 안 했어요. 제가 부끄럽기도 하고, 읽고 너무 힘들까봐요. 자

말하는 소리가 작으면 듣는 귀라도 커야 해요

기 모습을 책 속에서 또 보게 되겠죠. 자기는 묻어두고 잊으려 애쓴 일인데, 책을 읽으면 그 아픈 과정을 다시 낱낱이 꺼내보고 생각할 거 아니에요. 그럼에도 책을 쓴 이유는 '이렇게 사는 사람들이 있다'는 것을 사회가 좀 알기를 바라서예요. 같이 마음을 보태서 이 상황을 바꿀 수 있기를 바라기 때문이죠.

경찰에게 책을 선물한 적이 있어요. 그분이 책에 나오는 경찰 얘기를 보고 많은 생각을 했다고 하더라고요. 미등록자들과 경찰은 사실 가까울 이유가 없고 가까우면 안 되는 사이잖아요. 이전에는 경찰이 미등록자를 인지할 경우 출입국·외국인사무소에 신고해야 하는 의무가 있었어요. 『로지나 노, 지나』에 어떤 사건이 있었을 때 경찰이 미등록자에게 '나 그냥 모른 척할게요' 하는 장면이 나오거든요. 실제로도 미등록자 신분이 드러났지만 사건과 직접 관련이 없는 경우 많은 경찰이 같은 태도를 취했고요. 다행히 지금은 피해 구제 업무를 수행해야 하는 경우에는 신고 의무가 면제되고 있어요. 경찰에게 가장 우선시되는 과제는 범죄 해결이지만 예방도 중요한 책무니까, 요즘은 이주민 사회에 유화적인 태도를 보이는 편이에요. 경찰을 포함해 많은 이들에게 이주민의 삶을 이해할 수 있는 계기가 되는 책이면 좋겠어요. 아이들 삶을 응원해요. 그래서 책 맨 앞에 이런 문구를 넣었어요.

　　꿈조차 빼앗긴 채

　　불안한 삶을 견디고 있는

　　모든 미등록 이주청소년에게

　　바칩니다.

　　　　　　　　　　　　　말하는 소리가 작으면 듣는 귀라도 커야 해요

슬픔이 보시가 될 때

인터뷰는 인생수업이라고 말하곤 했다. 그런데 언제부턴가 인생수업 '심화반'에 들어가 있는 기분이 든다. 실력도 모자란 내가 왜 여기 있나 하는 초초함과, 책이 나오긴 할까 하는 불안함과 이번에도 어김없이 싸웠다. 그럴 때마다 나를 구제해준 건 인터뷰이들이었다. 마리나, 페버, 민혁, 카림, 달리아, 인화의 이야기를 읽고 또 읽으며 마음을 다잡았다. 이러한 고난의 상황에서도 살아가는 인간의 용기를 보았는데 그걸 전하는 일을 두고 쩔쩔맨다면 인터뷰이와 인터뷰어의 '정신의 균형'이 맞지 않는 거라며 나도 의연해지려고 노력했다.

　모든 책은 협업의 산물이고 이 책도 다르지 않았다. 『있지만 없는 아이들』은 애초에 미등록 이주아동의 처지를 제일처럼 마음 아파하고 단행본을 기획한 국가인권위원회 박혜경 선생님, 인터뷰이를 정하고 만나는 일에 다리를 놓아준 석원정 대표, 법률 자문을 맡아준 이탁건 변호사의 선의에 빚졌다. 아무도 주목하지 않는 이주민의 삶을 묵묵히 기록해온 이란주 작가에게 존경의 마음을 전한다. 오랜 세월 구축한 그의 작업은 르포 작가가 가야 할 방향을 비춰주었다. 그리고 취재와 집필 과정에 동행이 되어준 창비의 최지수 편집자 덕분에 외로움에 길 잃지 않고 원고를 마칠 수 있었음을 고백한다.

이 책 작업의 막바지에 반가운 소식이 들렸다. 2020년 5월 국가인권위원회의 권고 이행 조치로, 법무부는 2021년 4월 '국내출생 불법체류 아동 조건부 구제대책 시행방안'을 발표했다. 한국에서 태어나 15년 이상 한국에 체류한 미등록 이주아동들에 한해 체류자격을 심사받을 기회를 준다. 그런데 이 대책은 아주 소수의 아동에게만 해당된다. 태어나자마자 한국에 온 아이나, 15년보다 짧은 기간 체류했지만 국적국에 귀국하기 힘든 경우는 구제되지 못한다.

『있지만 없는 아이들』인터뷰이의 사례를 보면, 작년 가을에 열아홉을 앞두고 있던 마리나는 2021년 올해부터 추

슬픔이 보시가 될 때

방 대상이 되었지만 제도 변경으로 체류자격을 신청할 수 있게 되었다. 이 자격은 1년간 유효하고, 매년 갱신해야 한다. 하지만 마리나는 아직 대학에 입학하지 못해서 체류 사유가 마땅치 않기에 내년, 또 내후년에는 마리나가 한국에 계속 살 수 있을지 아무도 알지 못한다. 각각 네살, 두살에 한국에 온 카림과 달리아는 안타깝게도 이 제도의 대상에 해당되지 않는다. 작은 기대마저 빼앗긴 두 사람의 얼굴이 떠올라 마음이 좋지 않다.

이제 첫발을 떼었을 뿐 갈 길이 멀다. 모든 장기체류 이주아동의 인권을 아우르는 실질적이고 항시적인 구제대책 마련은 우리 공동체에게 남겨진 숙제가 되었다. 미등록 이주아동·청소년이 오늘이 마지막이겠다는 불안을 베고 잠들지 않을 수 있도록 '존재의 합법화' 경로가 제대로 만들어지길 기대한다.

마지막으로 윤동주 시인 이야기를 하고 싶다. 책을 쓰면서 가슴이 답답할 때마다 부암동에 있는 '윤동주 시인의 언덕'에 올랐다. 키 큰 나무 밑에 누워 '슬퍼하는 자는 복이 있나니'가 반복되는 시 「팔복」을 읊었다. 시인은 먼저 슬퍼한 자, 깊이 슬퍼한 자, 끝까지 슬퍼한 자들이 슬픔에 짓눌리지 않고 슬픔을 말하는 것으로 세상이 조금씩 나아졌다고 말하고 있는 것 같았다. 그렇게 슬픔은 보시가 된다. 우리는 타인의 슬픔에 빚지고 살아가고 있다는 것, 이 엄연한 사실을 잊지 않고 또 갚기 위해서라면, 시인의 기도대로 우리는 영원히 슬퍼야 하리라.

있지만 없는 아이들

미등록 이주아동 이야기

초판 1쇄 발행/2021년 6월 18일
초판 13쇄 발행/2024년 5월 31일

지은이/은유
기획/국가인권위원회
펴낸이/염종선
책임편집/최지수 홍지연
조판/황숙화
펴낸곳/(주)창비
등록/1986년 8월 5일 제85호
주소/10881 경기도 파주시 회동길 184
전화/031-955-3333
팩시밀리/영업 031-955-3399 편집 031-955-3400
홈페이지/www.changbi.com
전자우편/human@changbi.com

ⓒ은유 2021
ISBN 978-89-364-7873-5 03300

*이 책 내용의 전부 또는 일부를 재사용하려면
 반드시 저작권자와 창비 양측의 동의를 받아야 합니다.
*책값은 뒤표지에 표시되어 있습니다.